文學叢刊

梅甘著

漩渦

文史哲出版社印行

國家圖書館出版品預行編目資料

漩渦 / 梅 甘著. -- 初版. -- 臺北市: 文史哲, 民
91
面; 公分. -- (文學叢刊 ; 148)
ISBN 957-549-488-1 (平裝)

857.7 91023929

文 學 叢 刊 ⑭⑧

漩 渦

著 者：梅 甘
出版者：文 史 哲 出 版 社
http://www.lapen.com.tw
登記證字號：行政院新聞局版臺業字五三三七號
發行人：彭 正 雄
發行所：文 史 哲 出 版 社
印刷者：文 史 哲 出 版 社
臺北市羅斯福路一段七十二巷四號
郵政劃撥帳號：一六一八〇一七五
電話886-2-23511028・傳真886-2-23965656

實價新臺幣二四〇元

中華民國九十一年(2002)十二月初版

ISBN 957-549-488-1

序

在那個洪水泛濫的年代，大地瀰漫著一片濁流漩渦。
很多人掙扎無助，被惡水捲下沉淪。
也有人幸能抓住斷木枝椏，沖上了岸邊。
漩渦的痕跡漸遠。但對漩渦的記憶，仍然留在人們心中。

蜀　山　青

漩　渦 ·2·

漩渦 目錄

序……………………一
一 飛賊……………………五
二 訪舊……………………一一
三 洪流……………………一六
四 軟柔柔、涎流流……………………二六
五 一對安了彈簧的大饅頭……………………三三
六 少女的情懷……………………三八
七 藍天白雲……………………四六
八 黃隊長……………………五一
九 幾袋糧食……………………六一
十 你們出鹹菜，我們出豬肉？……………………六七
十一 他的長，我的粗！……………………七五
十二 左擺右擺……………………八四
十三 第一封情書……………………九七

十四　書記靠牆睡著了……一〇九
十五　年輕媽媽躍火海……一一七
十六　他等不到提拔了……一二三
十七　乾淨的農村……一二九
十八　「木頭」……一三七
十九　一大塊燒豬肉……一四四
二十　痛與苦……一五一
廿一　本　能……一五六
廿二　大自然的規律……一六四
廿三　誰主浮沉……一七三
廿四　大地之子……一八一
廿五　祈　年……一八九
廿六　偷　渡……一九五
廿七　這裏有隻金龜子……二〇二
廿八　省　悟……二一二
廿九　承　諾……二一六
三十　跨出漩渦……二二三
後記……二二九

1 飛　賊

二十一世紀第一個春天。

旅美華僑王立鐸老先生夫婦，由美經香港飛往北京，準備參加即將舉行的北京國際新機場勝利完工的慶典。

這次該機場全部電腦組裝測試工程，是由美國摩拖羅拉公司承包。王立鐸老先生的兒子王樹聲，就是該公司派來主理這項工程、要在兩年內按時按質完成的電腦總工程師。

鑒於香港國際新機場在啓用時，鬧出了電腦系統運作失靈的國際大笑話，王老夫婦特意由美趕來，準備協助兒子媳婦做好家裏的清理、打包工作，以免兒子分心，致使所負責的工作功敗垂成。

另外，他還想去拜訪四十多年前，負責審訊了他兩年的國安部某專案小組長趙主任，如果他還健在的話。

又如果能從趙主任那裏，打聽到當時在廣東恩明縣，帶隊擒獲自己並保護自己免遭毆斃的某民兵隊長，他就決定在回程時，特意去當地向他道謝。因爲沒有這位恩人的保護，他王某以及他兒子的成就，也就不存在了。

從座位旁的舷窗下望，王老先生忽然又見到一處睽違已久的熟悉地標：一帶倒懸漏斗狀的熠熠波光。

四十多年前一連串驚心動魄的回憶，又湧現在腦海。

那時，應該是五十年代末期了。海峽兩岸一直是戰雲密佈。大陸高叫一定要「解放台灣」，台灣也誓言要「光復大陸」。王立鐸大學畢業後，又考入了美國空軍軍官學校。在美國學成回台後，派在台灣空軍特勤組，經累積資功，升為少校軍官。

一次，他奉派駕駛偵察機，對大陸在福建、廣東沿海一帶的軍事設施，進行低空攝影偵察。

前幾次出勤都很順利。不少親朋見面都慶賀他說：「玻璃人」沒掉到地上摔碎，又平安回來了？

在第四次夜空偵察時，記得剛飛過虎門要塞，便發覺地面炮火開始向他猛烈攻擊。突然機身一陣強烈震蕩，原來一個發動機被擊中。王立鐸趕緊掉頭南飛，希望盡快脫離險境。

可是飛機迅速下滑，不受控制。

在星光照射下，底下出現了一個熟悉的地標：一帶倒掛漏斗狀的熠熠波光。這應該是珠江三角洲某內河的出海口。跟著一片黝黑，應該是農田了。王立鐸迅速降落。

著陸時劇烈的顛簸，碰得他頭暈眼花。稍微清醒，便迅速爬出機艙，一腳深一腳淺地顛躓在田埂間。他想盡快走到海邊，然後伺機逃走。

不遠處一片喧鬧。準是飛機降下時的巨大聲響，驚動了四鄉。人聲漸近。又一陣更嘈雜的喧叫，像是發現了飛機。

前面是一堆矮荊棘叢。顧不得頭臉被劃破，他立即鑽了進去。肯定是聽到了樹葉發出的聲響。那些人一邊大聲叫罵，一邊奔向矮樹叢。

「出來！」在電筒強光的照射下，一個廣府音威嚴地喊道：「你已經被發現了，還往哪裏躲？不快些出來繳械投降，一槍斃了你！」

「砰」的一聲，眞的有人開槍了。幾片樹葉跟著掉了下來。跟著「他媽的特務」的叫罵聲，「卡嚓」、「卡嚓」，又有人推上了槍膛。

「不準開槍！」還是剛才那個廣府音：「要捉活的！」

王立鐸無所遁形，只好舉著手走了出來。

不由分說，五花大綁了。跟著搜身繳械來的，就是拳腳相加，立即打得王立鐸鼻青眼腫，口出鮮血。

王立鐸被推著，跌跌撞撞走過高低不平的田野。「王八蛋特務！」、「操他媽！」罵聲不絕。不時有槍托朝他腦袋狠命砸下，王兩眼金星直冒。他模糊意識到：隨時都會腦漿迸裂、死於非命了。

還是那個廣府音，嚴厲制止了這些虐待俘虜的行爲。

原來還打算繼續前行，可是那頭目遲疑了一下，便就近停在一處牆上寫著甚麼「金沙煤礦民兵隊部」的房屋前面。衆民兵便推著他走了進去。

室內燈火通明。王立鐸就沒再挨打了。

他被反綁雙手，推坐在桌旁一張椅子上。

疲勞、驚恐，雙眼又腫得睜不開，王立鐸索性閉著眼睛，聽任命運安排。

他痛苦地睜開眼睛時，發現除了還有兩三個持槍民兵，看守著他外，其餘的好像有甚麼任務，都離開了。

那廣府音不斷在隔壁房間打電話。除了不斷叫一個「陳礦長」來接電話外，其餘一句也聽不懂。

再度睜開眼睛時，他見到一個中等身材、比較清瘦斯文的年輕人，坐在桌子對面，正注視著他。

這人問話了。從這聲音，王立鐸立刻辨別出，他就是剛才捉獲自己的那個小頭目。可是，帶有濃重的地方口音，很難聽懂他在問甚麼。

不過這不要緊。只要不死在亂拳槍托之下，自己可能還有一線生機。

那人不得不找來紙筆，借書寫來溝通。

他提出的問題不外是姓名、年齡、籍貫、軍種、軍階、家中還有甚麼人，等等。由於雙手反綁，王立鐸只好用點頭或搖頭，或哼哼哈哈簡單說幾個字來回答。

天完全亮了。

約莫十點來鐘，有兩三個武裝人員來到，為王戴上了手銬腳鐐，然後推上一輛軍車。一個多小時後，來到一處到處掛著「廣東省恩明縣」牌匾的市鎮。

從落腳處的樓宇結構看來，這裏很可能是個僑鄉。說的話就和昨晚那些民兵一樣，甚麼都聽不懂。

又過了約莫一個鐘頭，幾個滿有氣派、操著一口廣府音的軍人來到，把王帶上了一輛比較講究的中型吉普。起碼走了幾個鐘頭。王立鐸又餓又睏，睡著了。

他被叫醒時已經天黑。從耀眼的霓虹燈以及人們談話的口音，他知道這裏就是大陸的南大門——廣州。

除了被俘後，那個年輕人用紙筆詢問了他一些簡單的問題外，此後便再沒有人和他單獨相對，更沒有人和他說過任何話。王立鐸樂得有充分時間去思考問題。特別被暫時放開雙手，狼吞虎嚥般吃了在廣州的那頓晚飯。

可惜一吃完就又捆綁著押上火車了。幾個武裝軍人，押著他坐在一節北上專列裏。第三天清晨，才抵達北京車站。

那時的北京，雖然氣派很大，但穿著清一色服裝的人們，個個神情呆滯，行色匆匆。大街上，到處都是觸目驚心、喊打叫殺的大幅標語口號。街旁報刊櫥窗前，人頭躦動，爭看當天「人民日報」，以「台灣飛賊王立鐸落網」為通版標題的「頭條新聞」。

此後經常和王立鐸接觸的，是北京國安部、人稱為「趙主任」的一位四十來歲的幹部。

兩年多的反覆審訊，不斷的交代材料，還特別安排他去各處參觀訪問、學習提高；

再加上生活方面的特殊照顧，趙主任究竟能從這個開飛機的「飛賊」嘴裏，得到多少有價值的情報，確實令人懷疑。而這位「飛賊」終日牽掛著的，卻是他新婚的妻子，以及妻子腹中的胎兒。

經過兩年的拘押審訊，王立鐸終於被釋放遞解出境，經香港返回了台灣。

如果是在大陸，他必因被俘獲釋，而得到「貪生怕死」、曾「坦白自首」、「背叛投敵」、「出賣組織」等等罪名而判處死刑、無期徒刑或至少開除出黨，以後也永無出頭之日。但是在台灣，或西方任何國家，他們仍然受到親友們的熱情關懷。

雖然，想再回軍中是不可能了。但成功轉入了民航，有了優厚的薪金待遇，以後得以舉家移民美國。特別兒子王樹聲在某名校獲得碩士學位後，很快受聘爲摩拖羅拉公司出色的電腦工程師。

規劃建設北京國際新機場的兩年時間，匆匆過去了。

這次來北京，在參加了機場完工慶典後，王立鐸打聽到當年國安部趙主任的地址、電話，便買了些禮物，和老妻同去拜訪。

2 訪舊

趙主任雖已八十多高齡，但離休後生活安定，保健得當，所以身體還相當硬朗。當他知道坐在面前的這位滿臉皺紋、鬢髮飛霜的老華僑，竟是當年自己主理的英俊魁偉的「飛賊」王立鐸，不禁感嘆道：「眞像有些人說的，甚麼將軍如美女，『不許人間見白頭』！」說罷兩人都笑了。

提起新機場主管電腦安裝運作工程的，竟是王立鐸的兒子，趙主任不勝驚訝地開玩笑說，想不到當年經手審訊的老飛賊，竟培養了這麼出色的小飛賊，而且爲北京市建造了如此堂皇的國際機場，這可能是他老趙，這輩子對革命的最大貢獻了。

把酒言歡之餘，王立鐸問起當年俘獲自己的那位民兵隊長的近況。說不知他如今高陞何職、子孫們都有些甚麼成就？

趙主任沉默了。喝了一口茶，才慢慢說道：恩明姓黃的那個人已經因爲特嫌，第二年就被鎮壓了。改革開放後，他在香港發跡了的姐姐、姐夫曾回來爲他申訴，幾次告到中央。經過查證，認爲判處都是些不實之辭，決定給予平反昭雪。廣東省還派人去到當地開了一個追悼會，爲黃某建了衣冠塚，立了碑……

王立鐸聽後不勝震驚，半晌沒有言語。

最後，王立鐸請求由國安部出具介紹信，以便有機會去廣東恩明，到黃某墳上焚香祭拜，以慰逝者在天之靈。

爲了便於找到墓地，王老先生特經主管機關批准，取得了黃某人胞姐周黃女秀在港住處電話號碼。經過電話聯繫，黃女秀夫婦也願陪同當年王姓「飛賊」，在即將到來的清明節前，同返家鄉拜祭亡弟。

因爲兒子全家將由公司安排搭機返美，王老夫婦便由北京直飛香港，與黃女秀夫婦見面後，還購備了一些祭品，才再由香港一同搭乘豪華舒適的飛翼船，經過珠江三角洲的江門，再駛入開明縣鑒江上岸。

從湛藍的南海海域，駛入江門內陸河時，王立鐸突然想起，這裏就是當年在受創的座機上見到的，波光閃爍的漏斗狀內河出海口地標。

同船回鄉的，還有從加拿大溫哥華回來的一大家子。幾個小孩吱吱喳喳，十分熱鬧。

因爲坐在鄰近，又都會說國語，王立鐸便跟其中一位年齡相仿的陳姓長者，攀談了起來。

這位陳姓爺爺，這次和家人一起回來，是爲了祭祀在五年前以九十高齡逝世的義父。之後，他們將隨一個旅遊團到大西北觀光遊覽。孫兒們爭著說，他們要去看那裏的駱駝和犛牛，還有摔交和馬球比賽……

十分巧合，兩家人的目的地都是恩明沙河鎮。王立鐸老先生說，他們也是要去祭祀一位在四十多年前去世的老朋友。

「四十多年前？甚麼名字？」

「黃子方隊長。」

黃子方！多麼熟悉的名字！陳老先生苦苦在記憶中搜索。他太太輕聲向他說了幾句甚麼。一時，「煤礦」「民兵」「飛機」「槍斃」……許多零零碎碎的記憶，都雜亂地出現在腦海。陳老先生如夢初醒，緩慢地點了點頭。

「怎麼？您也認識他嗎？」王老先生冒昧地問道。

「當然當然。是我太太的同鄉。聽您的口音，應該也不是本地人吧？」

見到都是從美加回來的，王立鐸便放心簡單敘述了自己當年如何在台灣軍中服役，一次執行任務時，座機被擊中迫降在恩明沙河，以及被俘、和黃某乃有一面之緣的經過。

「這個地球確實是太小了。」陳老先生感嘆道：「眞所謂『人生何處不相逢』！」

他跟著小聲對妻子說，好在當時自己因事和這位「飛賊」緣慳一面，否則料想也難逃一顆槍子的命運！

「那倒好！」妻子也小聲笑答道：「省了以後多少揪心，多少眼淚，也就沒有眼前這一群了！」說著，眼圈又紅了。

見到老爸低頭不語，兒子陳嘉恩在一旁插嘴道：「那當時爲甚麼一定要留在大陸呢？」

「你問你爸爸。」媽媽悄悄擦擦眼睛。

陳老不禁陷入了沉思。

經過問明墓地的確切地點和祭祀日期，陳老夫婦表示，到時他們也爭取參加。

聽說在香港的黃女秀夫婦，也將陪同老「飛賊」王某，前來黃子方墳前祭奠，沙河鎮四鄉父老，特別一些小孩子，就像當年趕來圍觀那架從天上掉下的飛機那樣，一早便趕來現場，等著看熱鬧。

墳塋和墓碑，經過了近二十載的風雨浸蝕，早已是雜草叢生，字跡斑駁。

根據兩家在香港時的協議，周太太黃女秀女士請來了好幾名工人，爲墓地除草覆土，爲碑文添漆加色。

陳老先生夫婦在兒子嘉恩的陪同下，也依時來到了墓地。

王立鐸想到不幸早殤的黃子方隊長，長年面對著如此蔓草荒煙、無邊的寂寞孤獨，不禁悲從中來、老淚縱橫。衆人站在墓前，深深鞠了三個躬後，周太太隨即叫人燃放爆竹、焚化從香港帶來的冥通金銀紙箔、鞋帽衣衫以及車馬房屋等冥器。不少在場的鄉親，也來鞠了躬；有的還叫孩子跪地磕了頭，祈求死者保祐自家人財兩旺。

王立鐸說，已安排鎮上餐館擺了十來桌酒席，宴請來參加祭奠的衆人小酌。

不少年輕人根本不知究竟，只聽說是來祭拜早年爲地方「犧牲」了的一位好人。

王立鐸頻頻舉杯，多謝衆鄉親當年不殺之恩。衆人開懷暢飲之餘，有些人說：「我當時就說過……」、「我也是說……」然後搖搖頭，跟著一聲聲的長嘆。

3 洪流

一九四七年秋天，陳爲在江西省贛州市「正氣中學」畢業時，還是個不滿十八歲的大孩子。因爲在泰國經商的父親，又娶了繼母，有了弟妹，他便遵照已加入中共組織的姨父母意見，南下廣州，考進了某理工大學建築系。

一九四九年廣州解放前夕，在一些進步同學影響下，陳爲開始參加中共黨組織的地下活動。半年後，廣州解放了，他也隨大流正式加入了解放軍。開始時，他在四十七軍軍部當文化教員，其後，便編入炮兵團偵察連任少尉排長。

不久，部隊進行整編。林彪司令員的嫡系，紛紛北上參加偉大的「抗美援朝、保家衛國」戰爭。可能因爲四十七軍軍長陳明仁將軍是原國民黨的「起義將領」，還得較長時間的考驗，因此全軍留在兩廣滇黔一帶，負責掃蕩國民黨殘部。

後來這兩年，雖說黔桂一帶整天雲遮霧障、蚊蟲蛇鼠橫行；雖說一邊艱苦作戰，還得一邊「整風」「肅反」，戰友們相互窮追猛打，得一次又一次反覆交代那些爲時不長、卻又越說越糊塗的「歷史」和「參加革命動機」，而結論卻還是「社會關係複雜」、「歷史無法下結論」……但是，陳爲總算是能以所學用於實際工作：不停奔走在各個山頭，測量、計算炮位距離和射擊角度……他心裏還是比較充實和愉快。

因爲工作表現積極，他得以加入共產主義青年團，還當上了學習小組長。又因爲從小離家在外讀書，很少享受過家庭的溫暖，如今飽受到同志間的關懷、愛護，所以他已把這個大兵營當作自己終生的家，絕對不願離開。

但有兩個問題，經常使他耿耿於懷、日夜不安。一個就是他就讀過的「正氣中學」，當時校長是國民黨贛州專員蔣經國、是「人民公敵」蔣介石的兒子。他原以爲這個所謂的「社會關係」，簡直離自己有十萬八千里，可卻成爲他在歷次「整風」、「審幹」、特別是申請入黨等問題上，無法獲得通過的「污點」之一。

另一個問題是他自己主動交代過的：在廣州剛剛解放後，他收到一位已到台灣的大學同學寄給他的聖誕卡，上面用英文寫著一句話：「祝你歷險愉快！」。這句話在西方可謂平凡極了，可是在我們這個革命隊伍裏，就可大可小了。究竟計劃歷甚麼「險」？甚麼組織佈置的甚麼任務？問題是越追越深，越解釋越糊塗。即使叫此位寄聖誕卡的仁兄本人來證明，誰又能相信他呢？何況根本無從和他聯繫。

看來，陳爲不得不從年輕時代起，就開始揹著這兩個沉重的包袱，一直到死，才能蓋棺論定。

領導說得也有道理：現在沒有人說你「有問題」，但也沒有人能爲你下結論「沒有問題」。只有在你的一生中，以堅定不移的革命實踐來做証明。這就是「歷史問題」。如果問是誰造成的，是新社會嗎？當然不是。你應該仇恨過去，仇恨舊社會，仇恨國民黨反動派。是他們爲你製造的這些一輩子也洗不清的歷史污點、思想包袱。

一個人再有本事，又怎能改變歷史、改變過去？任何努力都是於事無補，還有甚麼好說的？

最令他忐忑不安的，就是最終會導致他喪失軍籍，被迫離開這個對政治要求十分嚴格的「革命大家庭」——解放軍部隊。

不久，他的這個顧慮，證明並非杞人憂天。

一九五五年剛開始，為了配合全國實行「義務兵役制」以代替原來的「自願兵役制」，來提高部隊的文化素質、體質水準和年齡結構，全軍進行縮編。大規模的「復員」、「轉業」工作展開了。

就像黨領導的各次運動一樣，除了參照各人的文化、體質和年齡各方面情況外，實際上最重要的是根據你「家庭出身」、「社會關係」、「歷史背景」、以及有何「關鍵問題」等等檔案資料，作出決定。

陳為一點也不喜歡談論這個問題。有人問起他是喜歡「轉業」呢、還是寧願「復員」時，他總是不耐煩地扭頭就走，回到宿舍，埋頭在書堆裏。

他根本沒有家。復員，復到哪裏去？

他也根本不想轉個甚麼業，到甚麼地方去當個甚麼官。

他最不想的就是找個甚麼對象、組織甚麼小家庭。他一點也不想在這麼年輕就開始整天考慮買菜、抱孩子；吃飽了飯然後閒坐在那裏等拉屎。總之，他不想離開這個充滿生機、充滿樂趣的解放軍大家庭。不！他哪裏也不想去！

這個秉性善良忠厚、又活潑熱情的潮汕小伙子，一下子變得滿腦子空白、沉默寡言了。

照例是大會動員、小組討論、典型帶動、個人表態……然後塡表申請，等候上級批准。

名單逐批公布了。陳爲雖然根本沒有塡表，但仍列名在「轉業」行列。

對於一些思想十分牴觸、根本就不塡表的，領導說準備個別談話。

輪到和陳爲談話時，領導告訴他，是有個地方企業單位，「點名」要他這個有勘探、測量、計算知識經驗的軍人，所以他不得不去。

領導還說，現在已經由戰爭時期，轉爲和平建設時期了。「我們有光榮傳統的解放軍戰士，必須虛心從頭學習，以適應新的戰鬥需要。而一個人單獨作戰，會比集體作戰更艱難，因此也更光榮，更能考驗出他的革命動機、他的黨性。」領導說對於陳爲的入黨申請，現在就是最好的考驗機會。

陳爲始終低頭不語。他想：爲甚麼不讓那些出身好、領導上又一向信任的戰友，去光榮光榮呢？

據勘探，粵西恩明縣沙河區的金沙煤礦，只屬一般小礦，也沒有甚麼天然氣。解放前，因部分煤層露出地表，被沙河區某鄉紳看中，後來便購地開採，建成一個有小量生產的私營煤礦。解放前夕，老闆棄礦外逃，礦工們也就宣告失業。

恩明地方政府很快發現，煤礦停產，工人失業、市民用電等還是小事。只是這城市的發電廠，石灰水泥廠，還有甚麼碾米廠、釀酒廠……，沒煤就全部無法開工，大批人閒居在家。特別入夜後，全城一片漆黑。台灣隔海叫囂「光復大陸」，港澳也傳來地主反革命伺機回鄉清算的謠言。人心惶惶，治安很成問題。上級說，北煤無法南調，南方各地方煤礦，必須立即恢復生產、自救解決。

在上級黨委接二連三的指示下，恩明縣委立即在金沙煤礦原址，掛上了「地方國營金沙煤礦」的招牌，同時貼出安民告示，宣布本礦自即日起恢復生產，由沙河區委梁有才同志兼任該礦中國共產黨支部書記兼礦長；原任縣第一中學共青團支部副書記黃子方，爲該礦副礦長兼共青團支部書記，籌備一切復礦擴礦事宜；原來礦工，一律準備回礦復工，並享受同級國家工人待遇……。

梁有才並不因新兼煤礦礦長、黨支部書記而感覺絲毫愉快。打了這麼多年游擊，捱生捱死，這輩子還不知甚麼是享受。現在，即將把一家妻小由農村接來墟鎮，準備享受幾天家庭溫暖和市鎮物資的豐富，卻又得離開，去過王老五的單調生活；而且是在煤礦，滿眼「煤黑子」的地方。自己沒唸過書，斗大的字認不得幾個；而那個副礦長黃子方，又是個校工出身，也不懂煤礦開採的具體業務。這以後出了事，誰來負責……眞是越想越覺晦氣。

恩明縣委召開工業會議。問到煤礦的復工進展，梁有才坐在一邊，一言不發。幾經動員，他才像黃河決堤，大水混合著沙石，滾滾而下。

他說過去只會打游擊、跑腿送條子，哪裏見過甚麼煤礦？還說又要會「拆樑（測量）」、會甚麼「快記」（會計），還得和「吃屎份子」（知識份子）打交道，搞不好還會死人兼崩屋，負刑事責任……他說這個礦長他當不了，他要求回家不幹了。

梁有才不是唯一自認無法擔當廠礦領導的人。廣東省工業廳不得不接連兩次，召開了全省煤炭工作會議。

省委魏副書記在談到技術人員，主要由各地自行物色培養的問題時，嚴肅要求大家認眞學習毛主席關於「對知識份子的政策」，是團結、爭取、改造和利用。因爲黨內有專業知識的領導人材不多，必須由各地自行培養。

甚麼是「知識份子」？魏書記作了詳而且細的詮釋。然後他指出，「知識份子出身」的幹部，因爲有較高的文化基礎，所以在學科學技術時，遠較工農出身的幹部容易上手。「但是他們最大的缺點」，就是容易自大，忘乎所以。他們不像地主或資本家，土地廠礦被沒收後，就變得一無所有，原來的階級屬性就不存在了。他們更不像工人或農民，離開了共產黨，就完全沒有了生產的手段。

「知識份子是個游離階層」，魏書記繼續分析。他們向上可以發展爲地主資本家，向下可以降爲工農或無業游民。他們擁有的，就是靠十載寒窗累積起來的知識，可以待價而沽。也就是說，誰給的價高就賣給誰。

所以毛主席說，這些人就像牆頭草，東風來向西倒，西風來又向東倒，專看哪邊勢力大。他們既可以背叛過去的主子，當然也可以背叛現在的主子。甚麼「氣節」、

「名譽」，都是編出來騙人的鬼話。

「所以」，大浪過處，越早浮上水面的渣子，就越是動搖性大的投機份子。必須注意在接二連三的運動中，逐個消滅，以免妨礙我們階級內新生力量的成長。

這件工作不難做到。因爲「互相傾軋」、「互相拆台」、「消滅異己」幾乎是一切動物在生存競爭中的本能，我們可以利用來分化瓦解他們。如果我們黨沒有了堅強的革命組織紀律的約束，也同樣是這樣的。

爲了爬上去，他們和對手之間的競爭必然是你死我活的。所以很容易被分化瓦解。失敗了的就垂頭喪氣、一蹶莫展；勝利了的就趾高氣揚，連黨都不放在眼內，似乎從此以後，連黨都得聽從他的旨意。

另外，在他們得意的時候，常常不堪寂寞，喜歡放言高論，說點甚麼，或者寫點甚麼來表現自己，包括指責貶低共產黨領導，以便出人頭地，得到上層的賞識，爬到別人的頭上。

但是，我們有「階級鬥爭」的緊箍咒，只要一擺出架勢，他們就得老實三分。因爲在他們過去向上爬的過程中，必然有比較複雜的奮鬥歷史和社會關係。這方面的材料，從他們自己的交代和老同學、老朋友之間的相互揭發中，不難獲得。這些都是我們的緊箍咒。在他們翹起尾巴、不聽話的時候，就要警告他們：我們已經掌握了他的許多材料，足以影響他和他家人的未來。

目前，他們正千方百計要求參加中國共產黨，因爲他們認爲這是能比別人更快爬上去的可靠階梯。所以在某些方面，他們會比工農出身的更聽話，更好使用。我們要好好利用他們這個積極性。特別是從部隊轉業的知識份子，有較強的組織紀律性，使用上更能得心應手。

不過無論如何，我們不可忘記交給他們帶徒弟的責任。「一等帶出了徒弟，我們就隨時可以把他們一腳踢開了。我們必須緊記，他們充其量，只是我們的工具。」

……

參加開會的各級領導，絕大多數是從延安來的土八路。如今進了大城市，對如何開展這嶄新的工作，本已十分頭疼；再加上多數處於新歡舊愛、明裏暗裏的桃色糾紛中，晚上總是難以入睡。即使服用了各種補藥，白天要聆聽如此冗長、如此乏味的報告，也難免瞌睡打得東倒西歪。進入耳朵裏的，只是這裏三句，那裏兩句。印象最深的就是「知識份子」，再麼就是甚麼「牆頭草」、「緊箍咒」，還有甚麼「利用改造」、「一腳踢開」。就像一盤豆腐、鯽魚炒韭菜，亂七八糟，說不清都是些甚麼內容。

先後醒來的各級領導，閒來不免和旁邊那位交頭接耳，互換情報：「我們這位魏書記也不好受。前些日子，剛用幾塊『依呢卡』（手錶）打發走了從鄉下來的那位，接著就被家裏這位「革命伴侶」，查出了他和秘書私通，還打算離婚再婚的計劃，吵得個天翻地覆，還不知如何收科。能把文件唸完不倒下，已經不錯了。」

「哦，我看你還不知道，專門給他打針的那個漂亮護士，被他搞大了肚子，還不知往哪裏送。聽說上頭已經答應給調走了……眞把老魏弄得像個大頭佛！」

「嗨！還用得著你們操心？爲了幫助他們解除煩惱，中央不是已經公佈了一個『法』嗎？……甚麼法？『婚姻法』！這麼些年，中央就公佈了這麼一個大『法』，你們還不知道？有了這個『法』，結婚可以自由，離婚也可以自由。從此各位領導最傷腦筋的問題，不就解決了？」

……

魏書記總算結束了報告。最後指示恩明縣委，梁有才暫時不必擔當礦長，主要負責礦黨支部書記，抓政治思想領導和路線鬥爭，同時積極自學，提高自己文化水平。

兩個月後，陳爲的調令和一袋檔案材料，從廣東省委轉到了恩明縣委。

調令的鑑定這樣寫著：

「陳爲，男，廣東潮陽人，一九三0年八月廿三日出生，現年廿四歲，未婚。

陳爲生母早逝，父親在泰國經商，家庭成份爲「華僑小商」，個人出身爲「學生」。一九四二至一九四七年在江西贛州「正氣中學」讀書。該校校長爲國民黨贛州專員蔣經國，是人民公敵蔣介石之子。

一九四七至一九四九年初，陳在廣州××理工大學建築系肄業。同年四月開始參加廣州外圍地下組織活動。廣州解放後正式加入解放軍，在四十七軍軍部爲文化教員。一九五一年隨軍到滇、桂剿匪，調至炮兵團偵察連第三排爲少尉排長，同時加入共產主義青年團，擔任學習小組長。

陳爲同志由一九五五年六月起，正式轉業到廣東省恩明縣金沙煤礦代理礦長職務，工資待遇爲幹部十九級。」

4 軟柔柔、涎流流

新任恩明縣金沙煤礦共產黨支部書記梁有才，農村地下工作出身，文盲，今年還未滿四十歲。

恩明縣剛解放時，留在縣人民政府或工商企業部門的，多數是新、老知識份子。梁有才大字不識幾個，當然無份。而擔當各級黨委領導的，又都是有多年實際領導經驗的，梁有才也對不上號。即使做一般區委，也總得有實際工作安排。所以縣委才決定由他擔任金沙煤礦黨支部書記。

最初聽說要調去煤礦，梁有才是打從心裏不願意。「是嫌我長得黑嗎？」、「還是嫌我兩眼黑，不識字？」他想到自己前半生是食不安來睡不穩，如今可以說豐衣足食了，卻要下煤窯和煤黑子打交道；原來打算把妻兒由鄉下遷來市鎮，如此一來，到底還遷不遷呢？……心中一五一十，怎麼也提不起勁來。

省委召開的煤炭工作會議後，梁有才思想像開了竅。「原來黨委書記只要求抓政治思想、方針路線，不一定要像礦長那樣懂得「拆樑」、要親自下煤窿……」。他又想到，其實自己也不必老待在礦上，反正實際工作有正、副礦長負責。現在自己大小是個第一把手，礦上沒人敢管，凡事自己說了算。沒事可以常去區政府跑跑，多接近領導，多反映、多了解各方面情況，取得領導信任，以後就凡事好辦。還可以經常回家……

梁書記弄通思想後，立即走馬上任。

五十年代初期，農村生產尚未完全恢復，城鄉交流遠未打通，所以物資短缺，供應很差。為了「改善生活」，梁有才同志有時帶著一支槍進山打獵。運氣好時，不但能打到野豬、野兔之類，有時還能提著當地叫做「烏腳」、「斑豹」等稀有野生動物回來。再花錢買些有「滋陰、補腎、壯陽」功效的中藥材和中藥補酒，合燉成一大鍋肉香四溢、令人饞涎欲滴的美味佳肴。這時，區委書記自會打電話通知各下鄉區委，回鎮「開會」，大快朵頤。

人人都稱讚梁有才同志群衆關系好，不計較個人得失，工作幹勁高。

但每次從區裏回到礦上，梁書記都感覺枯燥無味。叫自己自學提高文化，怎麼個自學法？一拿起書報，想學著認字，就覺得眼花繚亂，昏昏欲睡。

不到工地，最好的去處就只有下廚房飯堂，去了解情況，「關心群衆生活」。

廣東盛產竹子。農村普遍喜歡用一段兩尺來長的竹筒，注入清水，靠近中間部位鑽一個孔，斜插入一根手指般長短的細竹管。講究的還在管口鑲一圈金屬包嘴。細竹管下綁一個鐵香煙罐子，用來裝從煙斗嘴噴出的煙灰和煙斗水。此即大名鼎鼎的「大碌竹」者是也。農村幾乎家家必備。家中大人多的，有的還有兩三支。

人們認為這「大碌竹」可神了。第一，煙從水中經過，有害的雜質被過濾掉，吸進去的就沒有那麼「熱氣」「上火」了，有益健康。第二，水從煙嘴再流回煙筒時發出的「叮咚」響聲，就像音樂，給人一種精神享受，能即時使人神清氣爽、心平氣和、有利友誼團結。第三，更神乎的，多年使用得油光水滑的，還可以「避邪」。凡家中有支「大碌竹」的，一定和氣生財、逢凶化吉。即使病人對著煙筒吸過，也不怕把病傳染給別人。所以家裏來了客人，得先遞上一支「大碌竹」表示歡迎，同時也避免在開始，一時找不到話題時的尷尬。據說有位剛從北方下來視察的某領導，見主人提起「一根大棍子」朝他走來，不明所以，緊張得急忙站了起來。後經陪同來的當地幹部笑著解釋後，才又坐下。

梁書記每次來到廚房飯堂，都習慣先拿起一支「大碌竹」，穩得像隻猴子般，蹲在一個凳子上。然後不慌不忙，一邊找話題聊天，一邊「叮叮咚咚」、一口一口吸著煙。每次總要等到大批年輕人下班回來，他才有了講笑開心的對象。

「有信，」他朝著第二工區長吳有信說：「前幾天你回家結婚，炮口對得準嗎？打中了多少發？」

他又指著老實憨厚的第一工區長李守和，取笑道：「我看老李上禮拜回家，準是浸得太多了，這幾天走路都提不起腿來。」。

有的人反過來逗他，他就笑著說：「我家裏的沒意思。人太矮小，最多只能進去一半……」跟著一陣哈哈大笑。

對那些年紀輕、毫無性經驗、總是張著兩隻好奇的眼睛望著他的小伙子，他常神秘莫測地說：「沒見過是甚麼樣子嗎？就像你張著傻笑的嘴巴一樣，長滿鬍子，淌著口水。」又是一陣哈哈大笑。

一次，工段長馮新的老婆帶著七歲的兒子回娘家歸來，路過煤礦，帶了一些東西交給老馮，還在礦上住了兩三天。剛巧梁書記在小學讀書的兒子梁卓軍，也放假來礦。吃飯時，兩個孩子坐在一起，邊吃邊玩。梁書記跟馮段長的孩子逗樂道：「昨天夜裏，你媽和你爸打架了沒有？」

這孩子睜大兩隻眼睛，莫名其妙地望著這位伯伯。

「昨天，我不是叫你先別睡著嗎？黑咕隆冬你看不見，有沒有聽到你爸揍得你媽『哎喲喲、哎喲喲』地叫喚？」

那小子傻呵呵地點了點頭，逗得大家都笑了起來。老梁書記得意非凡，跟著問道：「那你有沒有聽到他們偷偷吃香蕉，『咕唧、咕唧』吧嗒嘴的聲音？沒有？那你今晚還是先不要睡。一聽到他們吃東西，你就問他們吃甚麼，用手去摸，哭鬧著說你也要吃。那香蕉可好吃了！」那小子又點了點頭。

梁書記像滿有學問似的對大家說：「這小子挺機靈，準是老馮夫妻倆大白天搞出來的。不信？我這小子就是白天弄出來的。大白天，你看著我的、我看著你的，弄出來的，特別鬼機靈。」

有調皮鬼逗他道：「梁書記，你晚上搞，白天還搞，你不怕走路提不起腿嗎？」

梁書記又像滿有學問般說：「哎，你們不懂嗎？完了事，過一陣再拉出來，就沒事了。有人把拉出的那個『頭』，擱進一碗水中試過，說水足足少了一匙羹！你不能光給，也得從她那里吸回一些。這才叫做『你中有我，我中有你』嘛！」

又有一次他對大家說：「我開個謎給你們猜：你腿搭我腿，我腿搭你腿，中間有個鬼。」

年輕人嘻哈亂吵。團支書黃子方笑著說道：「這個謎說出來太不文雅。開個文雅點的給大家猜。」

梁書記一本正經反駁道：「怎麼不文雅？家家都有，能說不文雅？」

還是亂七八糟。衆人都說猜不著，叫梁書記開謎底。

「剪刀。」梁有才一本正經地說出謎底。「是不是家家都有？這面看，這條腿搭在上面；反過來看，那條腿又搭在上面。中間有口螺絲。不假吧？」

跟著，他衝著黃子方說道：「你們心裏總在想那些不文雅的事，所以總以爲別人是大老粗，一定也不文雅……好吧，小譚，」他叫衛生員譚娟，「妳是知識份子，我說個謎，妳一定猜得到：『又圓又扁軟柔柔，涎流流』，是甚麼？」

譚娟想了一下，搖搖頭。

梁書記又補充道：「長毛的蛤蟆，溼溼的，滑滑的。」

譚娟還是搖搖頭。

梁書記故作驚訝道：「這都猜不到？每個女人都有。」他用手指著譚娟的下身說：「妳這裏不是也有嗎？」

又是一陣哄堂大笑。譚衛生員漲紅著臉跑了出去。

還有一次晚飯，梁書記喝多了幾口酒。飯後便和兩、三個小伙子閒遛到鎮上供銷合作社。他向一位女售貨員說要買蠔豉（一種水產牡蠣乾）。那女子便取出一大瓶放在檯上。梁書記睜大一雙充血的眼睛說：「我要那種新鮮的生蠔，那種又濕又滑、水流流的。」女售貨員回說目前還沒有生蠔供應。梁書記便指著她的下身說：「妳這裏不是嗎？明明有，為甚麼說沒有呢？」旁邊兩個人跟著一陣嘻哈大笑。那女子臉色變得鐵青，顫抖著說：「梁書記，你到底想買甚麼呀？！」梁書記怎麼也估計不到會碰個這樣的釘子。他一邊搭訕著走出來，一邊還提高嗓門叫道：「看她那副假正經！摸摸她的褲襠，早就濕成一片了！」據說半個多月後，這位女店員就被調到山區社了。

礦裏女工都盡量避免單獨和梁書記在一起。一個悶熱的下午，梁書記參加一個小組討論。那時還沒有電風扇，所以他穿著一條短褲，翹著一隻腿坐在一張凳子上，不停地搖著扇子。坐在對面的姑娘，一個跟一個低頭走了出去。原來他的下體，已經在寬大的短褲筒口，暴露得無遺了。

平時遇到他從旁邊走過，姑娘們也都趕快恭敬地閃開讓路，避免他假裝不經意地以胳膊肘磨擦碰觸對方的胸部。

一九五六年夏天，政治氣氛忽然變得寬鬆活潑了。女工們爭相到鎮上花紗布公司選購由東歐進口的寬幅細花布，回來縫製襯衫和裙子。不久，有的姑娘說，梁書記喜歡目不轉睛地盯住她的領口以下部位，好象發現了甚麼似的。又有一天，梁書記叫一個女工到他辦公室，一邊問話，一邊從裙底沿著大腿一路摸上去。嚇得那姑娘趕快借故跑了出來。從此，穿裙子的一律又改穿長褲，襯衫鈕釦，也一直扣上脖頸。

5 一對安了彈簧的大饅頭

就在那年夏天，聽說有的「民主黨派」響應毛主席號召，大鳴大放，向政府提意見。有人批評政府機構重疊臃腫，脫產人員太多，很多根本不懂業務……。於是，黨中央提出要「精簡機構」，壓縮城鎮脫產人口，特別那些意見多多的知識份子，要下放到農村或農場參加體力勞動鍛煉，逐步由減少到取消供給，實現自食其力。

根據從中央到地方的壓縮指標，各單位進行反覆挑選。爲了保險起見，還是把工農出身的黨團員統統留了下來。而一些知識份子，特別那些出身不紅不正、平時又愛發幾句牢騷的中、小學青年教師，都在壓縮之列。

這些人中，不乏熟悉業務、作風又正派的人。因爲沒有充份準備，這些年輕人都首先被集中在幾處大農場，包括一處靠近金沙煤礦的大樹農場，由縣團委負責教育管理。

正是因爲今年以來，政治氣氛寬鬆了，那些在過去接連不斷的「運動」中，大氣都不敢透一下的「王老五」，才想到找個對象、組織小家庭的個人問題。一時到政府登記結婚的，就如雨後春筍。之後，髒亂擁擠的集體宿舍，清靜了許多。可是好景不長，又進行精簡機構了。新婚燕爾的溫暖小家，如同棒打鴛鴦，夫妻抱頭痛哭後，又被拆散各奔東西了。

前途茫茫，思想苦悶，無法解脫。這大批實際上是被遣散了的年輕人，又重新住進剛告別了不到半年的農場集體大宿舍，開始明白了自己命運不能掌握在自己手裏的悲哀。

吃不下、睡不著。很多人稱病躺倒在床，根本不下田去「勞動鍛煉」。新婚妻子聞訊，趕快趕來農場探視。跟著下廚房，親手爲抱病的丈夫烹製合他口味的小菜、又兼熬藥。人漸漸來得多了，縣團委不得不在各農場各闢出一大間房，或用竹子稻草搭些茅寮，作爲家屬臨時接待站。

一位年僅十七歲的謝性女子，原是台山縣一戶大地主的女兒。五年前家鄉進行土改，家裏人全鬥死了。她當時只得十二歲，餓得皮包骨奄奄一息，終被掃地出門。她四處行乞，流落到恩明沙河時雖然已有十五、六歲，但又瘦又小，還蓬頭垢面拖著兩條大鼻涕。好在遇到貴人，把她介紹給糧食局一位三十多歲尚未娶親的王老五劉某人爲妻。從此她有吃有喝，生活安定，又有丈夫體貼疼愛，一年多後，竟像發過水的米粒一樣，大大膨漲豐滿了起來。

這小媳婦也是命途多舛，丈夫劉某又在這次「精簡機構」運動中，金榜題名。她不久便也隨著一些家屬，來到農場照顧丈夫。

這位謝姓小女子一經洗乾淨臉，原來竟有閉月羞花之容、沉魚落雁之貌。那晶瑩細嫩的雪白肌膚，那柔潤嬌美的櫻桃小嘴，以及那雙像天空一般微藍、又總有些憂鬱的、水汪汪的大眼睛，總好像有磁力一樣，牢牢吸住每一個見到她的人。還有一樣叫人們按耐不住的，就是她那對無論怎樣綁、也綁不平的高聳的乳房。年輕、好動，又一向無人管教，她就像隻剛飛出籠的小鳥，有說不盡的喜悅，以致走起路來，總是連跑帶跳。這時，她那對不得安寧的特大號饅頭，就像裝了彈簧一樣，似乎隨時都可能從衣服裏邊跳出來似的。凡接觸到這對寶貝的目光，都被牢牢固定在那裏，想看又不敢看，不敢看又無法移開。

小謝的來到，不啻在水池中投下了一枚重磅炸彈。原先毫無生機的一潭死水，被炸得波濤翻滾、蝦蟹不寧。

有人說她就像一塊糖，走到哪裏，粘到哪裏。這些寂寞苦悶的年輕人，被逗得想入非非的實在大有人在。各種傳聞，也就不脛而走。

「那晚農場放電影，她幾乎躺在何文那小子懷裏，兩人摸摸索索一陣後，就一齊走了出去，半夜不見人回來。」

「有天夜裏，有人走過一個稻草堆，聽見裏面沙沙作響，還有嘻笑聲，以爲鬧鬼，嚇得趕快跑了回來。」

「農場多了這許多人眞不好辦。有的女工說，近來常看見一個年輕人仰躺在球場上曬太陽。有時露出那條大東西直直地指著天，只好裝作沒看見趕快走開。」

「有一天，一個來探親的年輕女子蹲在溪邊洗衣服，見到有個年輕男人也走來蹲在對面，還故意放出他那條大東西，嚇得這女子哭著跑回宿舍。有些年長的婦女反而說，沒有鳥籠可以待在裏面，當然只好出來了。」

「那些茅寮也太簡陋。裏面說話，隔壁全能聽見。農場有些小伙子就常在外邊偷聽偷看。一次，一個傻小子後來就問人：『那男的老是叫那女的挺高些。把甚麼挺高些？』……那臨時搭的床有的也搖搖晃晃，響得厲害。有一次半夜還垮了一張。」

……

消息很快傳到恩明縣團委和生產辦公室。縣團委便通知農場團支部和金沙煤礦團支部，配合由縣生產辦下去的一位年輕的李副主任，共同去調查了解，設法解決。

煤礦黨委梁書記認爲，既是上級如此重視下達的指示，下級必須「認眞」執行。他便約定團支書黃子方會合農場團支書以及李副主任，商定一同去了解的具體時間。

他們首先找來該謝姓女子的丈夫劉某了解情況。劉說，他本人並未聽說過這件事。「不過，」他說，妻子年輕，不懂人情事故，以後他負責教育她就是了。

這位李堅副主任和兩位團支書，都尙未結婚，在這方面毫無經驗，一時不知說甚麼好。梁有才聽劉某人說得如此懦弱，如此沒有擔當，就知道可以怎樣做了。

他們叫農場團支部通知那謝姓女子，來支部辦公室。

梁書記後來對人說，他這輩子也沒見過如此標緻、如此銷魂的女人。他驚得有半響說不出話來。雙眼怎樣也無法離開那雙勾魂的眼睛、和那有磁力的胸脯。

梁書記全身的血都沸騰了。那種獸性的衝動，使這位共產黨員完全失去了控制自己的能力。

他拉出一張凳子叫那女子坐在自己對面，開始「審訊」。

「妳來了後，全場職工都對妳很有意見，妳不會不知道。現在要妳老實交代，在這裏妳一共偷吃過多少次、多少條，妳先坦白。」

那謝姓女子紅著臉，低頭不語。

她的軟弱和羞怯，更刺激了對方的進攻慾。

「妳不說，我們也知道。那天妳和何文那小子坐在一起看電影，」梁有才說著把自己的椅子更拉近那女子，「有人見到他這樣摟住妳的腰，親妳的嘴……，還這樣緊緊攥……妳的奶子……，」梁書記張大著眼睛，一邊說，一邊喘著氣動手做各種表演。「妳就這樣拉……他的……」梁書記氣越喘越粗，雙眼充滿血絲，拉那女子的手觸摸自己的下體。

那女子不會反抗，甚麼也不敢說，低著的頭越發抬不起來。

坐在一旁竊竊私語的兩個團支書實在看不下去了。他們和李堅副主任輕聲商量了一下，便由黃子方站起身說道：「好吧，今天就審到這裏。妳在農場影響實在太壞，吃完飯後，妳就收拾東西回家去吧。梁書記，咱們回去吧！」

6 少女的情懷

金沙煤礦的礦工們說，那陳礦長就像這輩子都沒笑過。年紀雖不大，可總是拉長著臉。就像買米不見了米簿、買菜不見了錢包。這輩子都難指望他發達。

陳爲的調令下到煤礦快兩個月了，聽說開始時，他始終賴在部隊不肯走。後來總算來到廣州了，可又總是去新華書店看書買書，或者上白雲山看天看海，一去就是一天。搬來煤礦的兩個大箱子，裝的全是書，重得和抬死人一樣。

來煤礦一個多星期了，只有吃飯時偶而在飯堂能見到他。有人說，他可能是啞巴，因爲從來沒聽他開口說過話。甚至有的姑娘問他甚麼，他也毫無反應，眼皮都不抬就走開了。

其實他也不是完全沒說過話。一位名叫鄭智的勤雜人員，就對人說過，那次自己因爲母親病重，想請假回家照料。因爲每月工資只有二十元，恐怕不夠醫藥費，所以想向財務科借支下月工資，去要求領導批准。陳礦長二話沒說，就從抽屜里拿出八十元交給他。還說如果需要住院，二十塊錢就絕對不夠。帶多些回去，一心幫母親醫好病再說。

不久，陳爲到粵北韶關一個大礦學習了一個月。這次，他不但又帶回甚麼「採礦學」、「地質學」等等好幾大本專業書籍，還有一些較先進的測量儀器，好像甚麼「水準儀」、甚麼「經緯儀」，等等。

特別令人感到新鮮的，是他居然會和人打招呼了。他還經常下到礦井，像其他工人一樣，全身烏漆麻黑地走出來。

看起來，陳爲即使萬般無奈，而且始終也弄不明白究竟問題出在哪裏，才調來這個煤礦，他還是不得不屈服於現實。經過了三、四個月的自我調適，他終於從漩渦邊掙扎了出來，找回了自我。

他低落的情緒似乎開朗了許多。爲甚麼不能呢？他必須有個新的開始。「就讓逝去的過去，逝去吧。」陳爲想起了中學時代讀過的一首詩。我還不老，現在從零開始應該還不太遲。只要我堅信黨，不懷疑、不動搖，我就必然和黨一樣，不但不會被潮流淘汰，而且一定有個光明、幸福的前途。

一九五六年確實正如陳爲和別的很多人希望的那樣，這苦難的華夏大地上，竟出現了一片明朗的天空。

首先是「人民日報」和各地黨報上，居然出現了溫馨的家庭生活照片，還有不少十分有趣的漫畫、素描和小品文。

女幹部、女教師似乎不再怕別人給她戴上甚麼「崇洋媚外」、「生活腐化墮落」的大帽子，競相到花紗布公司，選購剛從東歐進口的寬幅細花布，回家縫成襯衫或連衣裙。

電影院也不僅僅播放「董存瑞」、「鐵道遊擊隊」等老掉了牙的戰鬥片，同時也放東歐捷克等國家出品的幽默、喜劇片，令人哈哈大笑、眼界大開。大家都贊賞道：「笑一笑，十年少」「一笑解千愁」。

青（年團）、工（會）、婦（聯）等團體甚至帶頭組織交誼舞晚會，發動平時連握手都不敢的男女青年幹部、教師、學生參加，在大庭廣衆、衆目睽睽下，又摟又抱地轉呀轉地。

對一些「老運動員」（在任何運動中都有份挨整）的教師、醫生們，過去從來是避之猶恐不及，現在是不斷登門拜訪，發動他們參加以往提起都令人發抖的各民主黨派。

那幾處被封閉多年的寺廟，特別那幾間傳說曾埋葬了多少死嬰的教堂，經過一番修葺，「阿彌陀佛」、「阿門」之聲又不絕於耳了。

最令人們興奮的，是居然出現了睽違多年的、販賣魚肉蔬果的小攤，而且數目逐日增加。不單孩子們沒見過，就連大人們都感到生疏、新奇。

人們充滿喜悅地說：「鬥爭」年代結束了。社會主義的和平建設時期，開始了。

金沙煤礦需要一位測量助理員，協助礦長在遠距離測量時的揷標和記錄、計算等工作。副礦長兼團支書黃子方是沙河鎭當地人。他瞭解到附近一華僑村莊，有位名「何玉琴」的女學生，今年十七歲了，暑假時才在縣立第一中學高中畢業。她父親一向僑居加拿大溫哥華，母親和弟弟，去年初才拿到簽證出國。因爲何玉琴堅持要等中學畢業後才出去升讀大學，所以目前還留在鄉下，由她的一位姑母陪伴，並幫她料理一切。親戚們都估計，不需很長時間，玉琴的簽證和北京的出國護照就會下來。

有一天，黃子方副礦長到她家拜訪。他說何玉琴在這段等待期間，除了在家看書、彈琴外，還可以考慮去離家不遠的煤礦，做臨時測量助理。這樣不但不致於荒廢學業，還可以增加一些社會知識。何玉琴和她的姑母商量後，就同意了。

在那個新舊交替的時代，想找一個能跑能跳、能寫會算、而又歷史清白、沒有家庭負擔的人，到煤礦做測量助理，還眞不是那麼容易。所以黃副礦長可說是爲煤礦，立了小小一功。

這位中學畢業生何玉琴，中等身材。可能因爲成長在華僑家庭，從來不需要外出勞動操作，所以看起來皮膚白皙，眉清目秀。特別她舉止，端莊文雅，一看就知是個有良好教養的大家閨秀。因爲過慣了寧靜安適的家庭生活，所以她不喜歡串門子、不喜歡到處去閒聊。

當她知道她暫時跟隨的陳礦長，也是一位喜歡看書、不多言語的人之後，她感到特別滿意，因爲可以互不干擾。

來到礦上最初幾天，陳爲礦長交給她幾本有關勘探、採礦、測量、計算和工作守則等單行本，叫她先閱讀。說等她有了一個概念後，再一邊解釋、一邊去實習。

對於有重點中學高三畢業程度的何玉琴，在幾天內看完這幾本小册子，實在並非難事。所以在礦長辦公室，她有可能偶爾觀察那位當兵出身的礦長。

她覺得這位礦長倒不像自己原來想像的那麼粗俗，那麼令人討厭。他的一身黃綠色軍服，總是那麼整齊乾淨。來到辦公室前，也總是先扣好領口那顆「風紀釦」。據說，這習慣還是在部隊時，軍長陳明仁將軍嚴格要求養成的。當他坐下看書或寫東西的時候，也是全神貫注。不像有的男人，習慣不停地抖動著雙腿，令得坐在旁邊的人，厭煩得難以忍受。

陳爲問何玉琴，是否已全部看過所有的資料。得到肯定答覆後，便就測量、記錄、查對數表、計算、和分析誤差等等一系列問題，向玉琴提問。最後他說，這工作看似簡單，實則關係重大，不容許半點馬虎大意。

此後兩天，陳爲叫玉琴帶上測量時所需的工具，去郊外實習。實習回來，即刻核實數字並計算結果。

跟著像陳爲這樣一位不苟言笑的領導工作，何玉琴又豈敢馬虎大意？這兩天經覆核計算結果，陳爲都點點頭。經過請示黨委書記梁有才，何玉琴接獲通知，正式代理測量助理員職務。

何助理感到欣慰和自豪，就像被一所要求嚴格的名牌學校錄取了一樣。

每個早晨，當她從宿舍出來，走向礦長辦公室時，都感到那清新的空氣，令人心神飄逸、輕鬆愉快。這種開始步入成年的感覺，是她中學生時代從未有過的。人生，的確像有些作家描寫的那樣··幸福、美好、多姿多彩。過去的十幾年，確實是既無知、又愚蠢、渾渾噩噩度過的。

她尤其喜歡跟隨礦長外出測量。四野如此遼闊靜謐、明媚溫馨，好像專爲他們二人設計的。這位礦長說話也從不嚕嗦，一是一，二是二，不像有的長輩那樣，老是說了又說，沒完沒了。對於她所提出的疑點，陳爲習慣先閉著眼睛，仔細聽完，然後簡單扼要，給以明確答覆，絕無模棱兩可。但是他的語氣態度，總是保持平和低調，不但沒有絲毫霸氣、高人一等的表現，而且總使對方能保存一定的自我意識、一定的優越感，不因爲是在和領導談話而感覺到壓力。

有十多天，陳礦長要去省裏和縣裏開會。臨行時，他交給何助理兩本又厚又大的書，是有關採礦學的俄文中譯本。陳爲說，她現在可以進一步從理論上，了解自己所從事的工作了。

雖說只是十來天，但感覺上卻是難耐的漫長。兩本書總是放在桌面上，可是無論如何集中精神，也看不進去。她自覺新奇，也頗感好笑：如果是在學校，考試時保證科科得零蛋。

她也著急：眼看日子一天天過去，陳礦長回來問及，如何交差呢？

她走出辦公室，轉了兩個圈，又莫名其妙地走回來。好像失掉了甚麼，又好像在等待著甚麼。

等待甚麼呢？眞是笑話！她只不過暫時來煤礦做個臨時工。護照一到，她就會說聲「bye bye」，走之大吉。有甚麼好等待、好牽掛的？笑話！

晚上，她在宿舍待不住，又走了出來。

她下意識走到辦公室的後院。抬頭看那最近幾晚都沒有燈光的窗口。

平時晚上，他總在裏面伏案看書。現在，他在哪裏呢？

陳爲啊！你知不知道有一個人，正站在窗口下面，等著你回來呢？你現在哪裏啊，陳爲！

難道又有一位年輕漂亮的廣州姑娘，正和你併肩走在珠江堤岸，在夜幕籠罩下，親密地喁喁私語、互相傾訴思念之情？

玉琴感覺心口隱隱作痛，眼睛也好像開始濕潤。這是怎麼回事？

她急匆匆扭頭就跑。如果讓陳爲知道自己正站在這裏發獃，讓他聽到自己「突、突」的心跳……不可以！那才眞是羞死人呢！

回到宿舍，心跳還未平復。眞奇怪！自己一向怕黑，不敢走夜路，更不敢獨自一人在夜晚偷偷摸摸去甚麼地方。剛才，是哪來的膽量？

她不能、也不敢面對一個事實。「天下本無事」……她盡量安慰、說服自己。

她沒有忘記剛才回來時，見到梁書記獨自站在辦公室門前，望著她。

躺在床上，怎麼也無法入睡。她想，可能是病了。於是她想，還是把自己近來的感覺，告訴姑母。可能姑母會幫自己擺脫這似甜又苦的甚麼病。

不，不可以。即使是折磨，那也是甜蜜的折磨。她從來沒有嘗試過如此甜入心扉的感覺，又怎能和人分享？何況如果遭人打破而從此失掉，那就更令她活不下去了。不可以！

無法抗拒，但又揮之不去。她不斷走向日曆，查看有無揭漏。

7 藍天白雲

陳爲終於回來了。

說也奇怪，這個人好像帶回了滿室陽光。就連室外，也充滿了生機。鳥也叫了，花也笑了。一切又變得那麼甜蜜、溫馨，令人迷醉。

只要有他在視線內，何玉琴就感到無比的滿足和幸福，一分鐘也不願離開。

第二天早上，陳爲從樓上下來辦公室的時候，交給玉琴一本在廣州買的空白日記本。雖然從頭到尾未著一字，但日記本本身裝璜的精緻，色彩的柔和，都使玉琴愛不釋手，百看不厭。晚上，她把這「肯定飽涵著陳爲深藏不露的感情」的小本子，緊貼住胸口入睡，就睡得特別香甜。

又是一個陽光明媚的早晨。藍藍的天空飄著朵朵白雲。她自覺猶如一朵白雲，又可以跟隨她的領導陳爲，出外測量，中午回來計算了。這是黨的工作。爲黨貢獻力量，就是光榮，就是有意義。

一天從野外回來，她發覺陳爲拿著兩枝野花，隨手放在桌上後，就上樓了。何玉琴趕快去找來一個小瓶，洗乾淨裝滿清水，把花插進去再放回陳爲桌上。

桌上有了這兩枝花，滿室就顯得更加美麗溫馨。玉琴呆呆地想，如果自己是這兩枝花，可以終日陪伴在陳爲身邊，接受他的愛撫，那該有多好！現在能爲陳爲做點事情，哪怕是一件小事，爲甚麼都使自己感到無比的甜蜜和幸福？……她又慌亂地趕快走開了。

兩天後又要出去測量。何玉琴準備好記錄簿板和標竿，等候陳爲下來。她忽然想起了甚麼，又趕緊跑回宿舍。她換上爸爸前次帶回來的一件有粉紅色圓點的白襯衫，才在上面罩上工作服——陳礦長不允許上班不穿工作服——並把美麗的襯衫領子翻了出來。

跟在陳爲後面，玉琴的步履輕鬆得好像要飛起來。自己的家鄉實在是太美了。初升的太陽照著田野間一片翠綠，更顯出天空蔚藍得如同大海，自己就像依附、徜徉在大海裏的一朵白雲。「如果沒有藍天，」她想，「白雲將依附在哪裏呢？」

她望望陳爲，發現他也不時抬頭，飽覽那遼闊奇幻的藍天白雲。

清新的空氣里有股淡淡的花香。從山腳淙淙流過的小溪，彷彿也想悄悄道出心頭的秘密。美麗的家鄉！親愛的祖國！爲甚麼父母親總是催促自己去追問有關護照的事？如今革命工作這麼繁忙，哪有時間寫私人信呀？

小溪對岸有條小徑。今天的目的地就在小徑那邊。望著那一米多寬的小溪，陳爲問何助理跳不跳得過去。何玉琴停下腳步看了看，猶豫地搖了搖頭，說：「沒有信心」。

只好繼續前行。不遠處，似乎有座小橋。走近一看，是附近村民架起的獨木橋。

像這麼短的獨木橋，不要說男人，就連鄉下女人，挑著擔子，只兩、三步也跨過去了。

陳爲走過去後，掉頭看看何助理。可是她停在那里，試試左腳，縮回去又伸出右腳，還是舉步維艱。陳爲有些懊惱，暗暗埋怨領導派來的竟是個嬌小姐。

他無奈走回頭，將一隻腳踏在橋上，同時遞出一隻手。玉琴將一隻手遞給他握住後，陳爲只輕輕一拉，就把她拖過去了。

何玉琴是又慚愧、又感激、又愛戀。她緊緊握住陳爲的那隻手，不肯鬆開。一股電流迅速通過了全身。無限溫暖，無限甜蜜，但願時間變爲永恒！

她抬起頭，正和陳爲那雙深邃、憂鬱、又有些濕潤的目光相遇。陳爲趕快擺脫了玉琴的手。

陳爲在前面停了下來。他放下了測量儀器和三角架，便回過頭示意他的助理，就地插下標竿。

何玉琴急劇的心跳還未平復。

她望著陳爲熟練地安裝好那個經緯儀，又環顧了一下四周環境，才朝著標竿方向，俯身調整儀器。他的動作，就像他的說話，總是那麼乾淨利落，絕無拖泥帶水。

寧靜的田野，溫馨的氣氛，似乎連土地都是柔軟的。只要有她癡癡愛慕著的這個人在場，生活就老是那麼多姿多采、甜蜜芬芳，就像浸在蜜糖裏一樣。但願上帝垂憐眷顧，保祐自己能經常和這個人在一起，她就會十分幸福、十分滿足，甚麼也不再害怕，甚麼也不再要求了。

想到這裏，何玉琴決定寫信給雙親，告訴他們……她忽然聽到陳爲說了一句甚麼，跟著還有一個數字。然後就安靜地站在那裏，面對著她，似乎在等待著甚麼。

但是，他究竟說了一句甚麼呢？讀數又是多少呢？玉琴心慌意亂，只覺頭裏嗡嗡作響。她想叫陳爲重覆一遍，但又覺得時間已經過了太久，如果現在才說，陳爲會怎樣想呢？

萬般無奈，只好像小學生回答一道不會做的試題那樣，把剛才模糊聽到的幾個音符，連猜帶懵，似是而非地胡亂記了下來。

回到辦公室後，陳礦長照例檢查、覆核何助理計算的結果。

這次，他幾乎花了比往常多一倍的時間，而且一直皺著眉頭。何玉琴也沒有像往常那樣，輕輕哼著歌，愉快悠閒地等候著。她就像熱鍋上的螞蟻，心中有說不出的懊惱，卻又不知如何補救。

他兩人不尋常的表現，引起了梁有才書記的注意。

陳礦長終於離開座椅，走到何助理面前，指著記錄簿上的數字，問她可不可能有錯誤。

何玉琴不會巧言辯飾，但也不會撒謊。她幾乎要哭出聲地承認：那個數字，當時沒有聽清楚。

「那爲甚麼當時妳不說明，要我重覆一遍呢？」

他百思不解地站在原地，等待何助理的解釋。

何玉琴始終無話可說。

陳爲閉了一下眼睛，說道：「如果讀數不重要，可多可少，我們要這麼多測量儀器、要專職助理員當場記錄、強調多點測量對比……做甚麼呀？」

跟著，他的口吻變得罕見的嚴厲：「礦山測量雖然不像戰地測量那樣，關係到戰爭勝敗、官兵傷亡，但不也是關係到生產成敗、礦工生命安全嗎？我們怎麼可以馬虎、兒戲對待呢？」

這是何玉琴所聽到過的最嚴厲的批評。羞愧、內疚，她深深低著頭，感到無地自容。

「但是，他也確實說得有理。只是自己……」

玉琴心中究竟是苦是甜，自己也說不清楚。不過，她確實喜歡陳爲對自己說話，哪怕是批評。她想，如果不是自己犯了這次錯誤，恐怕他陳爲這輩子也不會對她說這許多話呢！

坐在一邊，一直留心聽他們對話的梁書記，這時微笑著走了過來，對何玉琴說：「明天，再和陳礦長去覆核一下。以後工作時，多注意一點就是了。……不是甚麼原則問題，不要擱在心上，不要難過。」他說完，悄悄望了望何助理，看她對自己的護航，有甚麼反應。

8 黃隊長

最近，在一片「一定要解放台灣」的標語、口號聲中，金沙煤礦黨委，也對民兵工作加強了領導，進一步健全組織。

縣團委及武裝部指派陳爲兼礦民兵隊長，團支書黃子方兼任副隊長。黃首先要在縣武裝部集中接受訓練，回來後專責訓練民兵，並與縣武裝部保持聯繫。

黃子方書記出身貧寒。解放前因年紀輕又無錢入學讀書，由親戚介紹在縣立第一中學當校工，負責收發書信文件、以及敲鐘等雜工，並爭取晚上進夜班學習。

母親年輕守寡，隨獨子居住縣城，接些縫補漿洗工作，幫補家用。解放後，共青團恩明縣委，首先吸收這位工人出身的黃子方加入共青團，並協助成立了一中團支部組織，委任黃爲該校團支部書記。縣婦聯也發動新分到某資本家房屋的黃母，參加了共產黨，幫助鎮婦聯做些街道婦女工作。

黃母稟性溫良勤儉，吸引不少來縣城開會的婦女幹部、代表，寧願擠住在這位黨員家裏，並在那裏分組討論。因她工作積極，被選爲縣人大代表，還曾出席過省婦女代表大會。

黃子方幼時缺乏營養。成長期因勞動時間長、工作又繁重，以致後來一直體弱多病。有一段時間，他曾遵醫囑回沙河鄉下養病。就在那時，金沙煤礦醞釀復工，縣團委便調他到該礦擔任團支書兼副礦長。

一九五六年政治氣氛轉趨和暖時，爲了擴大海外聯繫及爭取僑匯，領導鼓勵僑屬到港澳探親。黃子方也獲准到香港買藥、並探視他出了嫁的姐姐周太太黃女秀。返鄉時，黃子方還帶回兩隻精工牌手錶，一些衣物，還有一部只有一個長波頻道的簡單無線電收音機。

無巧不成書。五九年春頭，台灣一架偵察機，在夜幕掩護下，一連幾晚飛臨廣東沿海一帶，進行低空偵察攝影，並散發傳單。

虎門駐軍接獲通知：立即做好迎擊準備，隨時給以打擊。

一夜，該機果然被炮火擊中。原想帶傷逃逸，越過海峽，飛返台灣，終因一個發動機損毀嚴重，被迫降落在恩明縣距沙河不遠處的一片農田裏。

巨大的聲響驚動了四鄉。

煤礦民兵首先跑達現場。在手電筒的強光搜索下，他們首先發現了一架飛機。不久，又發現一堆矮荊棘叢突然一陣騷動。一個民兵立即向樹叢開了一槍。在他準備開第二槍時，副隊長黃子方立即制止。一邊用手電筒直照樹叢，一邊大聲喊話。正想設法逃跑的機師，只好乖乖鑽了出來，束手就擒。

黃子方搜繳了機師身上的手槍和證件。衆民兵將他五花大綁，有的還拳打腳踢，用槍托砸。爲了避免意外，黃副隊長制止了這些粗暴行爲，並就近回到煤礦民兵隊部，以策安全。

黃子方立即搖電話，和正在縣城開會的隊長陳爲聯繫。因當時已接近天亮，陳爲除了指示黃對該機師務必嚴加看管、對該飛機要加強保護外，並當即搖電話向縣武裝部報告。

縣武裝部十分震驚。在表揚煤礦民兵黃子方副隊長對敵情反應迅速、處理得當後，答覆說根據路程估計，最快大約要三小時後，縣第一批武裝力量才能乘車抵達現場，接替民兵對該機的監護工作，屆時也才能將該機師轉解來縣，轉送廣州、北京。因此在這之前，煤礦民兵部要全力做好對該機與機師的看守監護工作。

副隊長黃子方，除佈置了充分力量對該機進行保護外，自己始終不敢離開該機師一步，執行領導要「嚴密監護」的指示。

大約半小時後，該機師才神情甫定。

黃子方見他斯斯文文，一點也不像宣傳中形容的「面目猙獰」、「兇殘粗暴」的「國民黨匪幫」。相反，他的言談舉止，倒像是自己見慣了的學生、教師般模樣。長長三個鐘頭的相對，言語又不通，黃子方便藉著紙筆，對他進行初步的審訊。

當天接近中午時分，該王姓機師才被縣武裝部來人押解到縣城，並立即乘車送廣州軍區及北京審訊。

恩明全縣一片沸騰。萬人空巷去看那架掉下來的「台灣飛機」。

「台灣要來轟炸了！」

「國民黨要打回來了！」

「台灣決定先炸廣東，特別先血洗恩明。」

「蔣介石開始反攻大陸了！」

一時謠言四飛，人心惶惶。

縣武裝部接到命令，趕快用大塊帆布、把這帶「青天白日旗」標誌的飛機蓋住，免得老百姓像蒼蠅逐臭般、天天來看熱鬧。又經過一番折騰，才將那架飛機修復並飛北京公開展覽。

北京國安部如獲至寶。由一位姓趙的主任領導專案小組，花了兩年多時間，磨破了幾許嘴皮，只想從王立鐸那裏摸清台灣的軍事佈署和戰備情況。再就是大陸粤閩等沿海地區，有哪些聯絡點、哪些聯絡人、獲得了哪些情報、準備和廣東恩明甚麼人聯繫接頭，等等。

可是這位開飛機的，認爲自己只是奉命從空中攝影偵察地形，對地面的人和事一無所知，更沒有聯絡的管道。多次輪番審訊，他能「坦白交代」的就是這麼多。其餘的，即使編，也編不出來。

這次擒獲「飛賊」事件，令東南沿海一帶，確實騷動了好幾年，不得安寧。中央又開展「嚴懲敵人、狠狠打擊反革命破壞活動」的運動。除加強沿海各地駐軍外，特別強調要大辦民兵師，做到「全民皆兵」，做到「敵人在哪裏出現，就把他消滅在哪裏」。特別指示各地廠礦，民兵在夜間要輪班巡邏放哨，以防止敵特破壞……。

剛出現的明朗的天空，又被一片濃重的烏雲遮住。

金沙煤礦女青年不多，作爲共青團員的何玉琴，理所當然要參加民兵組織、值班放哨。一天軍事訓練，黃副隊長請陳隊長來隊檢查實彈射擊的情形。

陳爲來到時，大家正持槍伏地瞄準。他逐個檢查了男兵的臥姿，還俯身糾正了幾個人雙腿和胳膊的錯誤。

輪到檢查幾個女兵了。

大家特別屏住呼吸，準備接受隊長糾正。可是陳爲只是看了看，點點頭，便走到黃副隊長跟前，說了幾句話，離開了。

後來有的女兵反映，陳隊長不重視女青年工作。何玉琴聽後，反覺十分欣慰。有一天，出納鄭姍對何玉琴說，她有件事想請示陳隊長，不知他甚麼時候有空。玉琴說，根據自己了解，一般晚飯後，他就上樓回宿舍了，可能比較有空。

第二天晚飯後，鄭姍換了套整齊衣服來找何玉琴，請她帶自己去。何玉琴十分樂意地幫了這個忙。

出乎意料，陳隊長並沒有請她們進房坐下，而是叫她們先下樓到辦公室，說自己隨後就到。

他果然很快就下來了，並且指著一張椅子請鄭姍坐下。可是，鄭姍還沒說上幾句，陳隊長就不耐煩地站了起來，說：「明天我會交代黃隊長找妳談話的。」便逕自上樓去了。

第二天晚上，輪到何玉琴和衛生員譚娟值頭班。

因爲最近外出測量暫告一段落，何玉琴就沒有機會能單獨見到陳爲了。她知道陳爲今天晚飯後到鎮上圖書館去了，應該很快就會回來。她亟想見到陳爲。至於見到他後說些甚麼，她就連想都沒有想過。

何玉琴對譚娟說，因爲今晚自己有些事，所以這次兩小時的值班，只好一人值一小時。她先值第一個小時，第二個小時才由譚娟來接替。

譚娟猶豫了一陣，同意了。

獨自一人，何玉琴不敢站在陰暗處，便拿著槍，站在大門內的燈光下。

她開始有些後悔：陳爲會怎樣看待她這次莫名其妙的安排呢？是不是太冒失了？究竟應該如何撒謊、才能瞞過他敏銳的觀察力呢？

她想改變主意：還是趕快回去叫譚娟來吧！但是陳爲已經出現在大門口了。

她一時慌亂得幾乎握不住手中的槍。

面對這個景象，陳爲著實有些吃驚地站住了。來不及弄明白一切，他冷靜地走到何玉琴面前，只稍一用力，就把她手中那枝槍奪了過去。

何玉琴腦中一片混亂。原來計劃……原來計劃怎樣呀？

陳爲問何玉琴，爲甚麼只有她一個人放哨？還有一個人是誰？

聽到陳爲平靜的聲音，玉琴很快又恢復了自我。決定撒謊撒到底。

她說，因爲等一下自己有點私事，所以和小譚商量好，一人站一個鐘頭。是小譚同意的。

「小譚同意的？她同意又怎麼樣？妳事先有沒有請示過黃隊長？」

「……」

「沒有？所以妳自作主張安排了。是不是？」陳爲的態度又嚴厲了：「如果巡邏放哨可以一個人，爲甚麼領導要安排兩個人一班？」

還是沒有回答。

陳爲意識到，對待老百姓，好像不能太嚴厲。便盡量控制住自己的情緒，把語氣放和緩解釋道，最近台海局勢緊張，前些日子又發生墜機、敵特事件，上級指示要加強敵情觀念。巡邏放哨，必須有兩個人，才能互相照應。發現了問題，可以由一個人暗中監視，另外一個人，才可以回去報告。他說，女孩子放哨，一個人就更加危險。像她這樣持槍站在明處，不但不能制服敵人，而且分分鐘有被繳械的危險，甚至連小命都會送掉。

他的語調又變得嚴厲了：「連領導的安排都可以擅自更改，組織紀律性實在太差了。今晚回去，要認眞寫個檢討交給黃隊長！」跟著，他叫何玉琴立即回去叫譚娟來。他自己先在這里代替她們執勤。

過了幾天，黃子方隊副有事請假回城，住在家里。

突然一個夜裏，事先埋伏在附近的公安人員，迅速爬上黃家屋頂。在他們跳進院子的同時，另一隊武裝人員持槍破門而入。黃子方穿著睡衣被戴上手銬帶走了。全家被搜查得亂七八糟。

黃母突然從夢中驚醒，嚇得癱倒在地，昏了過去。

身爲黨的幹部，黃母深知事情的嚴重程度。但是她不敢、也無從查知兒子的下落和被捕原因。

從這天起，平時親熱往來的街坊鄰里，都變成了陌路人，都裝作根本不知道發生過甚麼事情。當然再也無人和她接近，更沒有人向她透露任何消息，包括她的黨組織。好像她根本不存在。

四個月過去了。

一個早晨，恩明城大街小巷，遍貼了「紅墨水點頭」的槍斃人佈告。大意是：

反革命特務組織頭子黃子方，解放前爲國民黨縣立一中收發人員，潛伏地下，伺機破壞。解放後僞裝積極，打入我共青團組織，進一步到沙河區金沙煤礦，打入民兵隊伍，盜取國家機密。一九五六年秘密到香港，和特務組織取得了聯絡，並接受破壞任務。回來後，除以手錶、衣物等腐蝕拉攏落後群衆外，更多次通過由香港帶回的秘密電台，向台灣發送情報，洩露我軍事秘密。曾聯絡台灣「飛賊」王某，多次對我縣軍事設施進行偵察攝影。王某並僞裝被擊落在我縣沙河地區，在黃犯以民兵隊長特殊地位的多方保護下，得與黃犯單獨密談，交換情報，並密謀此後破壞活動細節。黃更廣爲散播謠言，擾亂地方治安，以配合國民黨「反攻大陸」的罪惡陰謀。以上一切，均經王匪在京拘押期間供認不諱。査黃子方實屬罪大惡極，民憤極大，經逮捕審訊，對上列罪狀，也一一供認不諱。經呈請上級批准，決定於本月十六日執行槍決，立即執行，並褫奪公民權利終身。等等。

又是萬人空巷，爭著觀看槍斃一個共產黨員、民兵隊長的偉大場面。

不少圍觀群衆說，今天令人相當失望。因爲由兩名魁梧健壯的軍警架出來遊街示衆的，並不是甚麼橫眉竪眼的彪形大漢，也不是群衆心目中早已臉譜化了的「特務」：「黑眼鏡、歪戴帽，口叼支煙周圍繞」。這個罪大惡極的特務，原來只是個普普通通的知識份子，一個二十來歲的白面書生。

可能在過去幾個月監押期間，又嚇又愁吃不下飯，以致拉出來判刑時，已經消瘦得只剩下兩隻大眼睛了。

他的面色，就和地上的黃土一樣灰白，說不淸是已經死了？還是活著。嘴裏滿滿塞著一個大破布團。那是在宣判死刑、立即執行後、爲了防止他叫口號喊寃，由兩名武裝大漢用一根鐵釬硬捅進去的。因爲兩頰漲得鼓鼓的，才沒有顯出好像皮包骨一般瘦削。但是，淸秀憂鬱的眉眼之間，仍可看出這段時間，他是在十分恐懼、憂愁、絕望、和無助中度過的。

「軟趴趴就像是拖隻死狗。是不是已經嚇死了？」看熱鬧的群衆在評頭品足。

「還用得著五花大綁？用得著堵嘴嗎？還沒拉上宣判台，就已經嚇昏過去了。讓他喊，他都喊不了；放他跑，都跑不了啦！」

「也算可憐他了。自己聽不到判甚麼刑、不必受一路押赴刑場這個活罪，總算走得清靜了。」

果然黃子方沒有再受活罪。兩名高大威武的軍警，出了滿身大汗，才將這個乾瘦的死囚一路架到刑場。剛一鬆手，罪犯就癱倒地上，一動不動，根本無法跪下受死。既是執行槍決，好歹得開兩槍，才能報銷。

早有準備的「大力」（粵語喪葬工），在一大群孩子的簇擁下立即上前，在死者未僵硬前扯出他口中的大布團，掰開他的嘴，露出一早被他看中的兩顆金牙。

他首先用一把大老虎鉗，可是用不上力，拔不出來。跟著掏出一把鐵鑿，連撬帶鑿，總算被他撬了下來。

據說黃子方的寡母，再也沒有出現過。姐姐黃女秀回來過一次。見不到任何人，也問不到任何消息，就又黯然回香港了。

如果黃媽媽還在世，她應該知道她的心肝寶貝已經被殺的消息。因爲滿街滿巷，就連她家門口，都貼滿槍斃她兒子的佈告。

其實，她在不在世又有甚麼分別？有甚麼關係？

又據說，台灣那個被黃子方帶隊擒獲的「飛賊」王立鐸，在北京「享了兩年福」後，終於獲釋返回了台灣，闔家團圓。

王立鐸無法得知在世界的另一個角落，曾保護他不致在被俘時遭擊斃的那個年輕人，卻已因此含冤長眠荒郊。

9 幾袋糧食

還在黃副隊長開始失蹤的時候，煤礦工人就紛紛猜測：是不是又到哪裏開會、學習去了？是不是因病住進了醫院？還是正忙於結婚成家？調動了職位？犯錯誤正接受處分？……沒有任何消息，人們也就漸漸把他淡忘了。

「鎮壓」黃某的當天早晨，沙河區和金沙煤礦也都遍貼了「紅墨水點頭」的殺人佈告。工人們大出所料。有的人私下議論，但多數人是事後諸葛亮：「我早就知道……」以表白自己立場和政府一致。反正這又不是第一次貼這種佈告了。中國人口這麼多，「戴斗笠的走了打傘的來」，地球依舊轉動如常。

陳礦長又變得像以前那樣，寡言少語，晦暗陰沉。

不過，又說甚麼呢？晴朗的天空只出現了一年，又見陰霾四起，一場破壞力更大的風暴，正在形成。

聽說這場爲時數載、跟著又引出的爲時十載的「大革命運動」，也像過去多次改朝換代那樣，都是從農村問題引發的。

本來一九五三年，全國完成了土改分田後，農民得到了祖輩夢想的土地，生產積極性確實空前高漲。秋收後，爲了報答共產黨、毛主席的恩情，除了按政策繳納公糧外，也曾自願或不自願地、把大部份「餘糧」按規定價格賣給了政府。

可是近年來，不但帝國主義繼續用封鎖卡我們的脖子，而且東歐一些共產主義國家，也接二連三發生了甚麼捷克的「布拉格之春」、波蘭的「自由之聲」、特別匈牙利一個叫「納吉」的共產黨老領導，搞了甚麼「裴多斐俱樂部」的反革命集團等等事件。就連從中國共產黨手裏得到了莫大好處的蘇聯老大哥，也公然無視偉大領袖毛主席的多次訓誡，變成「修正主義」了。所以毛主席決定拿出中國的唯一特產——大米，去支援比比落後國家的革命鬥爭，去支持岌岌可危的社會主義陣營的政府，甚至支援美帝國主義後院、特別中美洲加勒比海古巴「可以燎原」的「星星之火」。

毛主席說：要「深挖洞、廣積糧」，要「備戰備荒為人民」。要大大增加生產，用我國取之不盡的糧食，換來我們所需要的一切！帝國主義誣衊我們中國，說任何政府，都無法解決這衆多人口的吃飯問題。現在我們就要讓他們看看：社會主義中國的合作化農村，農業實現了大躍進，不但能很快解決自己的吃飯問題，還能大大支援其他國家的革命鬥爭！

毛主席也看到我們國家羞澀的錢包。於是說：「工農聯盟」中的農民盟友，不能忘記共產黨給自己帶來的好處，要按政府的牌價，把餘糧賣給國家。即是「糧食」要由政府「統購統銷」。

根據這個指示，中央要求各地從下到上、層層上報經過土改丈量、確定下來的田畝面積和產量，從而訂出各地方統購統銷、也即是各地方應購餘糧的具體任務數字。

可是，各地報來的產量數字，爲甚麼和各地報紙報道的產量數字，相差那麼遠呢？而且，農業「大躍進」，各地連年豐收，爲甚麼黨的幹部，不但隻字不提，反而向上瞞報呢？

中央根據最高指示，狠狠批判了幹部「漂浮在上、脫離群衆」、「不深入調查研究」、「對黨事業毫不負責」……的表現，而且狠狠處理了一批糧食部門的幹部。

果然一針見血。再度上報的產量數字，普遍比前次翻了一番。眞是「階級鬥爭、一抓就靈」。糧食部便根據這批數字，向各省市自治區，下達了當年統購「餘糧」的數字任務。

各地農村基層幹部，加上從城鎭抽調下鄉支援統購工作的大批幹部、教師，向農民展開了遠較土改聲勢更浩大的宣傳動員：「飲水思源」、「翻身不忘共產黨、幸福當念毛主席」……。

回憶土改時，根據上級指示，幹部最怕農民有「恩賜」思想。最怕他們認爲，這分到的田地，只因爲是共產黨來了，自己才分到的。批判這是「和平土改」思想，是錯誤的「單純技術觀點」。這種思想觀點之所以錯誤，是無法激起農民對地主和國民黨的「深仇大恨」，不能消滅反動派的階級根源。一旦有人「反攻倒算」，這些農民就會說：「這些田是共產黨給的，其實我自己並不想要」。也就不會拿起槍，拚死保衛這些勝利果實了。

如今，言猶在耳，幹部卻說：「反正這些田是共產黨來了才分給你們的，又不是你家祖宗積德買來的。有了收穫，當然應該賣給國家。不應囤積發財。更不應『自發』，自己又去當地主。」「政府是以合理價格收購，又不是白拿不給錢。你可不能就為了這幾袋糧食，破壞工農聯盟啊」！

一切運動都得旗鼓在先、宣傳煽動，然後培養典型，才能帶動全面。

各基層黨員被說服帶頭賣「餘糧」後，幹部給他們戴上大紅花，叫老師組織小學生敲鑼打鼓，一路高呼口號，一路燃放爆竹，把「餘糧」穀子挑到政府的收購站。

可是，那些老實巴腳、不善辭令的農民，並不為「大紅花」所動。怎麼說，也是捨不得把那幾擔全家要吃一年的穀子、也挑去賣給政府。幹部上門發動，遇到的總是哭喪著的臉：已經按「同志」交代的，把曬得乾乾的上好穀子挑去交「公糧」了。剩下的除了留夠明年的種籽、和賣了一些買回肥料、農藥、以及添置一些小農具、準備明年再生產外，已經連口糧都不夠了，哪裏還有「餘糧」可賣？怎能說是「惜售」？是想「囤積發財」、「自發」當地主啊？

眼見日子一天天過去，完成購糧任務距離遙遠，有的幹部就將實際情況向上反映了。

上頭的答覆是：「下達的任務數字，只準按時、按質超額完成，一擔也不減少。」「能否完成購糧任務，考驗著每個幹部對黨忠誠的程度，是眞革命還是假革命的分水嶺」！

所有下鄉參加徵購工作的幹部於是明白了：到時不能按數字完成統購任務，意味著甚麼。

很多幹部煮了大鍋番薯、野菜稀粥，通知凡未完成任務的農戶，自帶糧食到縣城開「憶（舊社會）苦、思（新社會）甜」會。農民不敢不去，問要帶多少天的糧食、開多少天的會。上頭說：「開多少天不知道。完成了任務的就可以回家。」有的幹部說：「這不是變相拘押嗎？還得自帶糧食！眞是革命革到自己頭上了。」

雖然連吃奶的力氣都使出來了；甚麼恐嚇的話、甚麼強迫命令的手段都說過、使過了；但是要完成這個任務數字，是根根本本的不可能。

幹部確實著慌了。心想：甚麼政策不政策？完成任務，才是上策。過左從來不會犯錯誤。今天是「你死好過我死」！

回村後，便帶著民兵，挨家挨戶搜查「餘糧」。把能見到的穀子，連已經碾成的大米，一律強行挑到收購站過秤，倒進穀倉。

村裏嚎啕哭聲此起彼伏。「沒有穀種明年可以不耕田，現在連米都沒有了。以後實行『統銷』，農村戶口根本不發給購糧簿，有錢都買不到米，全家只有等著餓死了」！

收購糧食總得有告一段落的時候。各報章又是滿眼喜訊。說由於大豐收，又由於土改後農民對黨的愛戴、對支援世界革命的熱情高漲，購糧工作已勝利超額完成。目前已轉入銷售糧食給缺糧戶的工作，云云。

實際上呢？就慘了。農戶被迫連穀帶米都賣掉後，已經揭不開鍋蓋，情勢十分危急。這是一方面。另一方面，後來被迫挑去的穀子，根本沒有經過質量檢查，水份既大、又良莠混雜。加上很多已碾成米，也都混在一起，根本無法保管。

糧倉告警：已出現發熱霉爛現象。上級立即指示：即按原價賣給「缺糧戶」，稱之爲「反銷糧」。

兩三個月來，農民和大批幹部，除了開會、爭吵、和將幾擔谷子挑來挑去之外，甚麼農活、甚麼工作都幹不成。

部份中央委員特別毛主席，鑑於農村徵購糧食竟如此曠時費事，比對當年的「秋收起義」，何止複雜千萬倍？因此得出一個結論：個體分散的「小農經濟」，就是目光短淺、自私狹隘、死抱住幾袋糧食，連革命利益都不顧，只想著「自發」。只有把他們組織起來，成立生產合作社，土地入社分紅，個人按勞取酬，糧食才能掌握在共產黨幹部手裏，可以隨時徵購入倉。同時，分給農民的田地又歸了公，農民飯碗掌握在幹部手裏了，不做工就沒有飯吃。如此一來，「自發」的可能就杜絕了。

就這樣，「耕者有其田」、「土地回家」等等豪言壯語、政策諾言，不過幾年功夫，就都壽終正寢了。

10 你們出鹹菜、我們出豬肉？

其實土改分田後，國家主席劉少奇，便針對農村當時狀況提出了建議。

他說，農村經過了幾年的改革、鬥爭，舊的經濟體制雖然已被摧毀，但新建立起來的生產關係，還十分脆弱，亟需穩定、扶助。

他又說，幾年來農田荒蕪，農民似乎習慣了吃「鬥爭飯」。但是坐吃山空，現在急需轉上正常的生產勞動。否則，不但農民吃飯有問題，而「以農業爲基礎」的人民共和國經濟，也將大有問題。

因此他說，當前農村鬥爭應該暫告一段落，全力轉上穩定農村制度，使這幾億農民相信分到的這幾塊田，確實是屬於自己的，敢於下到田裏耕作，讓田裏長出糧食。

「但是，」他又說，現在要求分到田的全部人口，都投入農業勞動，也還存在一些實際困難，需要協助解決。譬如有部份僑眷婦女，家中缺乏勞動力，無法獨自完成全部的農耕操作；又有部份人從來沒下過田、既無耕作經驗，也無耕牛農具；還有部份人，卻牛高馬大，家庭勞動力過剩，但又缺乏資金，無法開展生產，等等各種實際問題。

他於是在土改結束後第二年、也即是一九五四年春天，便提出了「穩定農村經濟體制、迅速轉上生產」的政策方針。針對當時的實際困難，要求農民成立互助組織，以調劑有無、使農業生產首先得到恢復。這樣，就出現了五四年短暫的「明朗的天」。

實踐證明，這種互助組織簡單易行，很能爲廣大農民群衆接受。它只是由村裏幾戶要好的親朋鄰里自願組合，農忙時妥善安排，盡量使人盡其才，物盡其用，大家有工開，人人有飯吃。比如說男人主要勞動力，負責犁、耙田，碾禾、揚稻等。這些都是力氣活，而且要求熟練技術，一般評爲一級工，每工九至十分。每十分爲一個勞動日，是計酬單位。婦女主要負責插秧、割稻、揚稻桿、和挑稻綑回曬場。屬二級工，每工七至八分。孕婦、經常回家餵奶以及需要照顧輕工的經期女青年，屬三級工，每工六至七分。此外，老人可以帶小孩、看守曬谷場、曬農家肥、或煮、送午飯下田等也都合理按工計分。農忙時學生放學回家參加勞動的，也按六至七分底分，依時間長短計算。此外借用耕牛、犁耙等大工具，也都訂出相應工分。

這一切均經大家在晚飯後總結、閒聊時商定。不需浪費時間、找會場開會，既做到了人人有工開，個個有飯吃，又增進了相互間的友情。同時，大家體諒即使當上這個互助組的組長，也同樣要下田做工記工分，撈不到任何脫產幹部的好處，卻要爲大家辦事傷腦筋。所以也就不去斤斤計較。有時即使自己吃了一點點虧，也就馬虎算了。

到收穫後，按產值算出每個勞動日價值，由工分少的補給工分多的。偏巧那年風調雨順。農民第一次把分到的一擔擔糧食挑回家裏，眞是皆大歡喜，個個笑得合不攏嘴。

聽說共產黨中南分局鄧子恢等人，十分贊賞劉主席關於盡快恢復生產、然後逐步實現農村合作化的意見。

廣東省委新成立的農村合作部一位姓陸的副部長，一天來到了恩明縣，瞭解該縣生產和農村實現合作化遇到的問題。

縣生產辦公室最近也改名爲農業合作化辦公室。幾天的接觸，陸副部長十分欣賞辦公室那位年輕的李堅副主任很能深入群衆，能瞭解到群衆眞正的呼聲。

這位李堅原爲新會人，廿三歲，解放初參加共青團時只有十七歲，中學尚未畢業。可能就是因爲自己一非工農幹部出身，二又學歷不及別人高，或者還有其他甚麼原因，以致最初經常表現得沉默內向，給人一種過於老成持重的感覺。在家鄉參加革命工作後，就調到粵西區土改重點廉江縣，爲一位北方幹部和當地人作翻譯工作。他很快學會了寫工作總結和在大會上作典型發言的技巧。土改結束時，曾跟隨該幹部出席中共粵西區黨委召開的幹部擴大會議，並代表領導作典型發言。他英姿勃勃，聲調鏗鏘，一時驚動四座，聲名大噪。隨後該領導調來恩明任縣委書記，李堅也就入了黨，並跟隨來到當上了辦公室副主任。

在恩明的那幾天，陸副部長發現，姓李的這個年輕人不但很會走群衆路線，能瞭解到群衆在自己土地上勞動積極性的高漲，以及對如此快又要實現合作化存在著的各種顧慮，而且他還有另外一個本事，就是在聽別人講話或者發言時，可以完全不必望著手頭的記錄簿，便能輕鬆地將那人的話一字不漏地照記下來。他認爲這是個不可多得的奇才，因此那幾天和「小李」簡直是形影不離。在他回到廣州後不久，省委便有一道調令將李堅調到華南分局農村合作部。

李堅如此順利地平步青雲，難免表現得神采奕奕、雄姿英發。多數人，特別一些女青年幹部，衷心羨慕他得到了這樣的機遇。在他離開恩明的前幾天，幹部中便傳出了他已毫不費力地与辦公室某女青工偷嘗了禁果。

李堅的平步青雲，也當然引起了一些資深共產黨員的暗中誹議。

沒過多久，最高領導便指示說，爲了迅速走上社會主義、集體化道路，以杜絕農村「自發」傾向，不能再像「有人主張」的「小腳婆娘」一般走路了。要立即把「互助組」提升爲「生產合作社」，才能發揮「集體組織」、「社會主義」的優越性。於是，要求每個自然村莊統一爲一個社，稱爲向社會主義過渡的「初級生產合作社」。也即是要同一個小村落的農戶，把分到的土地，重新合併在一起耕作。分配時，一半按各戶分田定產時的產量比例分紅，另一半則按出勤勞動的工分收入比例分配。

「按分田定產比例分紅」？問題來了。

「我那塊田，土改時產量定低了。現在得給我調整。」

「我在那邊那塊田，產量根本沒算進去，現在得給補上。」

「定低了？算漏了？爲甚麼當時不說，現在才說？過去在公糧、購糧方面佔的便宜，你們先得補出來。」

「……」。

如今土地既然入股歸合作社，定產時偏高偏低的問題當然就出來了。如果要調整，試問如何調整？全部推翻定案、從頭評過？試問這麼大的工程，如何執行？

勞動出勤的評工記分，更大有問題了。過去互助組時，一般只有十家八家，十來二十個勞動力。而且只在農忙，才互助換工記工分。評工一般根據工種輕重緩急制訂，能者居之，誰做都是一個樣記分。

現在一個村子成爲一個社，勞動力多了，只能評定各人勞動底分，按出勤時間長短、參考其他人當天的意見評定。同一件工、做同樣時間，如果底分不同，一般所得工分也就不同。因此每天開工時，村前人群吵吵嚷嚷、不少人認爲隊長安排的工種，超過了自已的底分，拒絕接受。工還未全部安排好，幾乎半天時間過去了。

「××這幾天，說病還沒好清楚，坐在田邊休息，一天也記十分。我累得像個屌，一天才記七分，明天我不開工了。」

「有些婦女從娘家回來，其實還有大半天可以開工，可是怕隊長不知道，漏了記工，所以也就不去了。」

「××確實精靈。農閒時手腳功夫，他天天出勤；農忙時工又重、時間又長，就見不到他人了。」

「……」

隊長天天累得團團轉，可是社員還是意見多多，心情不暢。又因不必看工作質量和勞動效果，結果自然大大影響了勞動積極性和責任感。社員間的團結，也因而大受影響。

在李堅調到廣州還不到一年時，華南分局農村工作部突然開展了「肅反」、「審幹」兩條路線的鬥爭。跟著，又傳來李堅因「執行資產階級和平演變的路線」、「暗藏的反革命特務份子」、以及「亂搞男女關係」等等罪名受到嚴酷的鬥爭。在突然陷於孤立、絕望的情況下，他終於以一瓶農藥，結束了自己年輕的生命。

中央迅速統一了意見。指出其所以出現這些複雜問題，主要因爲組織一不夠大、二不夠公。因此沒過多久，亂哄哄的現象尚未好轉，而轉爲「高級生產合作社」的命令，又下來了。

「怎麼個『高級』法」？

就是把以村爲單位成立的小社，合併爲以鄉爲單位的大社。產量收入和勞動收入都統一計算。這才更能發揮「一大二公」的特點，減少地區之間的差距，更易管理。

「土改定產時，他們村產量評得高，我們村評得低。現在合在一起按定產分紅，我們村太吃虧了！不調整，沒法統一分配。」

「他們村沒河水流過，天旱就減產；我們村挖了水渠，改變了自然條件，現在怎麼個計算法？」

「他們村的田地有名瘦瘠。和他們合在一起計算，等於叫我們出一碗豬肉，他們只出一碗鹹菜，這太不公平了！」

「……」

紛紛擾擾的意見還沒聽清楚，又一道命令下來了：

最高指示說，之所以有這麼多意見紛爭，就是因爲小農經濟的私有觀念在作怪，所以才東比西比、比這比那。只有用「人民公社」的一大二公，才能最後鏟除這種私有觀念，徹底解決分配問題。現在，農民社會主義熱情空前高漲，以鄉村爲單位的小規模生產，已經不適合要求了。我們要高舉「三面紅旗」，成立「人民公社」，在全世界第一個「跑」進「共產主義」！

「怎麼個『人民公社』法」？

幾個月來的加減乘除、爭吵調解，已經把這幾億鄉巴佬，包括農村幹部，腦袋都鬧昏了。

怎麼個「人民公社」？就是將以鄉爲單位的「高級生產合作社」，進一步擴大爲以區爲單位的「人民公社」。過去的村，現在就叫「生產隊」或「生產小隊」；過去的鄉，現在就叫「生產大隊」；過去的區，現在就叫「人民公社」。土改所分給個人的土地，包括自留地，全部無償歸公社所有，取消分配不公的土地分紅。社員個人的耕牛、犁耙、種籽、肥料，也全部打價入社。從此各盡所能、按勞取酬，不做工者不得食。

農民收入，又和土地脫了鉤，大家都成了沒有根的無產階級、純粹按勞取酬的工人階級了。

這下眞的不吵了。因爲已經沒有甚麼好爭執的了。

「我們這些老弱孤寡沒有勞動力，以後就等著喝西北風吧！」

「我還以爲甚麼是『人民公社』！原來就是『區』，改了個名稱。一個區合成一個大家庭，這個家長可難當了。以後吃粥吃飯，全看他了。」

「這不又是『文字遊戲』？」

「也不完全是『文字遊戲』。過去區委書記只管政治，現在公社書記除了管政治，還管財政經濟、文化教育、司法公安、連軍事武裝都要抓，無所不包。一切權力，都集中統一了。」

公社幹部本來文化素質就不高，如今大權在握，更使他們面臨重重困難。他們不但掌握了好幾萬人的飯碗，連社員結婚生孩子、升學受教育、參軍、出國、甚至夫妻打架、婆媳不睦都要受理。「權力使人腐化」。在毫無制衡的情況下，權力高度集中，更促進了他們的腐化進度。遇到公社幹部心不順、氣不爽的時候，甚麼打罵現象，甚至私設公堂、貪贓枉法……就都出現了。

就這樣三下五除二，公社社員連起碼的人身自由，都沒有了。

11 他比我長、我比他粗！

每天早上，各生產隊長就一手拿鐘、一手拿鑼，以鑼聲爲準，通知早七晚五、午休二小時的開工、放工時間。計分員則一手拿筆、一手拿簿，記錄各人開工收工的具體時間。過去說「日出而作，日入而息」，是封建社會農民生活貧困的寫照。如今實現共產主義了，物質生活極端豐富，要學習工人老大哥八小時工作制，才能顯出「社會主義」、「共產主義」的無比優越性。

過去，社員習慣一早就起來下田。現在不用那麼早下田，可以在家吃稀飯、抽水煙筒、東摸西摸近兩個鐘頭，才到時候去報到開工。他們心疼地說，早上太陽不猛烈，最適合在戶外下地做活。人自在、牛也不辛苦。如果是過去單幹，我這個時候大概已經犁轉一塊田了。現在——。

到了田裏，大家先放下鋤頭，依次坐在田坎上，摸出煙絲袋，捏出一口煙，別人就理解你坐在這裏，是爲了等候水煙筒了。

衆人一邊輪候，一邊找些花邊新聞閒聊。水煙筒在各人手中輪了兩轉了，要聊的話題也說得差不多了，這才揣起煙絲袋，陸續站起身來伸個懶腰，拖著鋤頭去幹活。

「起早摸黑」、「揮舞鋤頭」準是那些人有精神病，要不就是吃得太飽撐得慌。

否則鋤餓了，去哪裏找吃的？

這期間，如果見到有人雙手柱著鋤頭站著聊天，便也要湊上去參加一份，搞好關係，以利日後評工分時，互相通融照顧。如果見到有人觀測太陽的位置高度，準保不久就要打鑼放工了。

農民從來惜水如油。如今從田埂上走過，見到有塊田裏的水已經滿溢、流進了水溝浪費掉了，而下邊那塊田卻仍乾到龜裂，只要其中有一個人，肯用肩膀上的那把鋤頭，把田基輕輕挖開個小口子，水就嘩啦嘩啦地流進下田了。可是現在大家都裝作沒看見，嘻嘻哈哈、揚長而過，不理會大量的水正在白白浪費掉。

「幫忙放水，給我記幾個工分？」

「因爲放水、上工遲到了，怎麼個算法？」。

原先大家都估計農民在分田後，由於勞動積極性大大提高，因而畝產也會大大提高的景象，並未出現。

相反，因爲公社化後沒人需要對產量負責，只有勞動工分不斷增加，即使下了大量日本產「肥田料」，也無濟於事。到了年終結算，經營得較好的公社，每個勞動日還有人民幣幾角錢。一塊錢以上的簡直是鳳毛麟角。而差的呢？就只有幾分錢。有些社長太過積極，響應了毛主席「深翻土地」的號召，要社員將田泥深挖一尺以上。結果滿田黃泥塊塊，寸草不生，而花去的勞動日比別人加倍。去除成本後，每個勞動日要倒貼幾分錢。勞動工分越多，倒貼越多。只好向信用社貸款，解決「負分配」的問題。

這些社員說：你們幹部同志每月準時出糧（發工資），颱風打不掉。你們被派下鄉，只管放心打撲克、看小說好了。我們老百姓也想吃乾飯、不想喝稀粥。你們不管，我們也會千方百計搞好生產的。那是我們一家老小一年的飯碗，我們自己能不關心嗎？如果你們閒得無聊，以爲不管、我們就甚麼都不懂，甚麼都不做，所以要指揮。可是如果指揮錯了，我們這麼多人的飯碗，就全都給打爛了。

不論農民如何怨聲載道，也只不過是「背後罵皇帝」。報紙依然是一片豐收喜報，形勢一片大好！歌唱人民公社！歌唱三面紅旗！

公社化後，全國幾億農民，沒有人需要對田裏莊稼負責。大家都只牢牢盯住別人，比上比下，比東北西，不使自家人在評分時吃虧。稻子熟透到倒伏了，可是大家成天忙於開會、爭爭吵吵評工分，有誰注意到這些？當然也就沒人派去放掉過多的田水。結果長時間浸泡在田水裏的稻穗，已經出了長長的穀芽，也沒人去收割。一片淡綠，蔚爲壯觀。有人見到心疼地說：「這情景過去還沒見識過。就算現在割回去，還有甚麼用？沒辦法曬乾，沒辦法脫粒，還弄髒曬場。」

糧食生產過程中，由於消極怠工、缺乏管理所造成的損失，加上強購了不合規格糧食、以及超計劃收購後，糧倉管理不善所造成的糜爛損失，再加上大躍進時期，全國公社大吃大鍋飯，倒掉、浪費掉的損失，種種合起來，才造成了官方所謂的「三年自然災害」：一九五九年便開始了的全國性大饑荒。

超額購糧，使大多農戶成爲缺糧戶。二兩米要煮一大鍋粥，家中老人只好先讓孩子、再讓大人撈著吃。不到幾個月，大批老弱病殘的就首先餓死了。

「飢不擇食」。城市人是有糧食保證供應的「非農業戶口」，最多因供應暫時減少和缺少油水，有難受的飢餓感，甚至不少人出現了浮腫現象。而農業人口就慘了。即使有錢，沒有「糧食供應證」也買不到米。買飼養耕畜家禽的穀子，就更不必說了。統購時，農民死活都要求留下一、兩擔穀子，就因爲他們已經預見到實行「統銷」後，農民遇到家中無存糧、而又購買無門的情況，就只有死路一條。結果果不出所料。

公社化後，最慘的是牛。牛是大牲畜。有些是土改時分到的，而多數則是農民後來自家花錢買的。在農村，買牛就和娶媳婦一般隆重。農民深知耕牛的辛苦和重要，所以對耕牛的愛護絕不亞於對待子女。犁田轉彎時，都是提起張犁跟著轉過去，寧可自己辛苦一點，也讓牛有個喘氣的機會。天熱犁完，即使自己又餓又渴，也總是盡快先拉牛去清水邊，讓牛飲飽後躺在水里浸泡個痛快，才牽到有樹蔭的最嫩青草地，讓牛吃飽休息。自己雖然又渴又餓，也還細心檢查牛身，及時爲牠除去螞蝗、水蛭。夏天夜裏，不忘去牛棚燃點蚊香驅蚊，讓牛休息好。遇到冷空氣來到，家家就更緊張了。三更半夜即使凍得發抖，都不忘去牛棚爲牛鋪墊乾草保暖，和添加準備好的潔淨草料。如果寒流持續三幾天以上，則更令人寢食不安。不但要用麻包綁在牛背上保溫，在接近中午溫度較高時，還牽牛到戶外散步，讓牠活動筋骨、暢通血液循環，避免癱瘓甚至死亡。條件較好的，還要煮熟一鍋糯米飯，一人用手掰開牛嘴，另外一人用削好的竹筒，裝飯和水灌進牛喉嚨，以增加耕牛禦寒能力。沒有人在掰大牛嘴時戴上手套，以防被牛咬傷。人們深信這頭大笨牛，雖然敢和老虎鬥個你死我活，卻整天如同機器般任勞任怨都不逃跑，連吃不花錢的水和草都受限制，還能爲人擠出牛奶，死後還要被人剝皮製件、碎骨製「牛骨粉」鈣肥，毛髮無存地回歸大自然，就是因爲和人類有天然感情。你越體貼愛護牠，牠就越效忠你。

對懷胎母牛，更是控制使用，呵護備至。

如今呢？社員搖搖頭說：「衆人門樓無瓦蓋，衆人大姑無人待」。既是公家財產，一個畜牲的死活和自己有甚麼關係呢？

男人去犁耙田，都搶著拉年輕力壯的大牛。效力既高，可以多賺工分，自己也可以省些氣力。下到田裏，只要把犁頭狠命插進硬幫幫的泥裏，跟著大棒一抽，受驚的牛只好忍痛狂奔。自己不但不必出力，還可以讓牛拖著跑，省些力氣。轉彎處更遑論幫牛提犁了。

一個人犁夠定額，牛已經跑到大汗淋漓、口吐白沫。而這位老兄連看都不屑看牠一眼，任張犁照舊插在田裏，把牛繩一丟，逕自回家喝水乘涼休息了。

丟下的牛哥，不會申訴，不會哀求，更不會發揮反抗老虎時的戰鬥精神跑掉，哪怕只是爲了去喝幾口不用錢的水。牠只是滿身大汗、口吐著白沫，馴服地站在插著犁頭的原地，忍受著飢渴和勞累的煎熬，低頭承受著中午烈日的無情暴曬。在牠還未弄明白、爲甚麼親愛的主人、突然變得如此無情的時候，手持大棒的又一個人來到了。

天寒地凍時，還有誰爲自己添草加衣？有誰還想到拉自己到溫暖的陽光下去活動筋骨？有誰還那麼細心體貼地爲自己拔除那些可惡的螞蝗和水蛭，驅趕那些討厭的蚊蠅？……逝去的日子，不會再回來了。

不到兩年，各地累死、曬死、渴死、餓死、和凍死的耕牛，在一半以上。

豬哥的命運，也好不了多少。與其廉價賣給公社，不如快快宰掉曬臘肉。那些生來命好，一生享盡齊人之福和天倫之樂，專職交配和生兒育女的豬公豬婆，以及牠們的心肝寶貝，都難逃一刀的命運。所有雞鴨三鳥、大小塘魚、甚至已沒有食物可餵的貓狗，一時都成了盤中餐、釜中肉。

多數村裏靜悄悄，雞不啼、狗不吠，幾近死城。這就是一九六〇年初農村開始出現的，沒有任何可食之物的實況。

人們得出結論：生產建設頗費時日，但破壞起來，某些人物的幾句話，已經足矣！其威力絕不亞於幾十顆原子彈。

「唉！可聽說原來國家主席，還有甚麼總理，好幾個大頭頭，原來都是反對取消自留地的。有的還說，不但不能取消，還應該擴大自留地，要包產到戶，增產部分歸個人……要眞實行了，還怎麼能餓死這麼多人」？

「嘿！你們不知道。聽說其中有個叫『凳子』的（指鄧子恢），見到餓死這麼多人，說了一句甚麼『過左』、『痛心』，當場就給打倒在地了。甚麼主席總理，全都像蛤蟆樣閉著個嘴，沒人敢幫『凳子』說句公道話。」

據說好像是一九六一年左右，毛主席他老人家一氣之下，就進書房唸書去了，才由「白貓黑貓」（指鄧小平）出來主政。不過兩年功夫，市面上忽然又見到豬肉、雞蛋了。雖然叫價出奇高昂：一只蛋人民幣五元，一隻雞五十元（當時平均工資每月下層四十元、上層一百多元左右），但是有實物塞進肚子，總比攥著一大把鈔票有用。從死亡邊緣掙扎活過來的「愚蠢」農民誇口說，「共產黨只要稍微鬆綁，我們就能像樊梨花那樣撒豆成兵，在同一塊土地上，種出養出能養活幾億人口的食物來！」

被折騰得暈頭轉向的農民，痛定思痛地疑惑：幹部總是說大饑荒由于「三年自然災害」。我們「泥腿子」不知道別的地方。可我們這裏，那幾年風調雨順，別說「三年」自然災害，就連「一年」自然災害都沒有，天時可好了。要是「單幹」，播種後的空閒，即使甚麼「自發」都不做，也可以坐在家里等豐收。何至於挨肚餓，餓死那麼多人？

只不過幾年，「三面紅旗」中的最後一面：「人民公社」也宣告壽終正寢。而陪伴毛主席他老人家玩這場遊戲的，是多少億個幾無收穫的勞動日、和幾千萬條寶貴的生命。

後來農民說：「早知分田後，很快又合在一起成立公社，爲甚麼不在一開始就組織生產隊、組織人民公社呢？還丈個甚麼田？發個甚麼證？這不是『脫了褲子放屁』、沒事找事，存心要我們這些泥腿子嗎？」

「這幾年，哪有一天不開會開到三更半夜？也不知劃髒了多少紙張，打爛了多少個算盤，熬瞎了多少雙眼睛，吵啞了多少個喉嚨……」

「全國這麼多億農民，這麼多年浪費掉的時間，如果用在生產上，你說能生產出多少糧食？」

「舊社會沒鬧過會，眞正的荒年都沒聽說餓死這麼多人呀！」

「好好的農村，現在誰都不用理會生產，成天只會比。弄到大家見面就像見到了仇人。人人慭的一肚子氣，都朝牲口身上發、朝田裏莊稼發，朝家裏人發……」

「可結果呢？又像漩渦，轉了一個大圈，還得走回頭路。這是何苦呢？」

不過，正如他老人家罵的，也不能把公社化說成一片漆黑。應該像有些人說的，是「七分成績，三分缺點」嘛！

起碼第一，如果不是爲了爭個人利益，誰有辦法把如許分散的農民，天天聚在一起，爭吵、研究，計算、公佈，從事連高級會計師都感到棘手的工作？

過去，大批掃盲工作隊無功而返；現在，不需任何人來掃盲，而廣大農村，人人變得能說會道、能記（不敢說能寫）會算、能打會鬥，不但令得洛陽爲之紙貴，且爲十年後更大的「文化大革命」，準備了大大小小的領袖人才。

第二，當時要使廣大工農兵子弟入學就讀，迅速提高文化科學知識，以便實現把反動階級出身的知識份子，扳到社會底層的雄圖大略，確實十分困難。如今有了如此龐大的社會大學堂，如此深入細緻的化雨春風，廣大農村青年得以迅速成長，由小學、中學、工農兵大學、而靠父母輩關係出國遊學，從事商業活動而大賺其錢、大飽私囊、成爲世界級富豪的，實在大有人在。所以怎麼說，民間經濟底子，也都較前富厚了。

第三，一連幾年，每晚開會到深夜。男女老少，睏得東倒西歪，但又怕打瞌睡聽漏了，自家吃虧。所以都想借抽口煙提提神。物資缺乏，哪來這許多煙絲？有幾個錢的能到集市上買包現成的，沒錢買的學著自家生產煙葉：舉凡下種、育秧、種植、到收穫、夾曬、切絲……全部一手包辦，成了製煙專家。連煙葉都沒有的只好找代用品。會一時，權做開會小屋坑上的破草蓆，都被人今天一點、明天一點地扯光、燒掉了。會場裏煙霧瀰漫，孩子們已經習慣了這種生態環境。廣大農村既有了抽煙習慣，此後的煙葉大種植、機製香煙大生產、走私外銷創匯……，爲國家創造的財富竟居世界第一。上好的供高層領導享用或者出口了。大量次品得以在國內低價傾銷。凡年節送禮、託人拜門口的，禮品中兩條煙，是必不可少的不成文法。人們無論走在路上、坐在公共汽車裏、在機關談公事、餐廳裏談生意，都是人手一支。甚至教師休息室、醫生診桌上，都有自己買的或別人送的一包或最少一支煙。連雙手無時得閒的理髮師、茶樓酒肆的跑堂，耳朵上都夾著一兩支煙。你跟他談鴉片戰爭，談吸煙如何有害健康甚至致癌，……他則告訴你，毛主席抽煙抽到牙齒都黢黑了，還能活到八十多歲；總設計師小平同志如果不是聽女兒話戒了煙，就不會在兩年後死去了！這戒了煙，全國幾百幾千萬種煙的、製煙的、賣煙的、走私的、還有那些收稅的，全失了業，你去養活他們嗎？

12 左擺右擺

解放後幾年來，在農村進行的這一連串折騰，城市人可以說是不關痛癢、毫不知情。城市和農村，簡直是兩個毫不相干的天地。

城裏人所見到的，就是黨的報紙；所聽到的，就是開會時首長的報告。所以普遍認爲，那些自發思想嚴重的落後農民，就是不顧工農聯盟，整天想發財當地主。即使黨苦口婆心多方教育，也無法改變他們要把糧食囤積起來，等待高價時再賣給我們這些不生產糧食的工資收入者，進行剝削的思想。

有人問：「你們身在城市，可以成年穿鞋著襪衣著無缺，各種副食品供應又價廉物美，幾乎不需體力勞動。你們一個月能吃多少斤大米？」

「政府供應每人每月卅斤。就連養貓養狗，都吃不完。可以換成糧票存起來。」

「現在政府定價每斤一角多錢。卅斤也不過四塊來錢。我算你一家五口，每月買一百多斤米也不過廿來塊錢，其他日用必需品也由政府限價供應。你們一個月收入多少工資？」

「少的幾十，多的一、兩百。」

「那這廿來塊錢能佔多少比例？你知道農民那兩件破衣裳得成天在泥里打滾，得天天洗。政府限定他們只準種限價的糧食。而留給他們的穀子連口糧都不夠，又哪有餘糧賣錢買布縫衣裳？農民怎樣剝削了你？如果說你把吃不完的大米換成糧票，是想自發當資本家，你服氣嗎？」

即使是大教授、大專家這些高級知識份子，也很難讓他們明白箇中道理。城市和農村是兩個截然不同的天地。農民已經沒有一個知識份子，能爲他們說公道話了。

同吃、同住、同勞動的「三同」，是領導多次提出的對下鄉幹部的要求。事實上，有幾人能做到？受不了在貧苦農家整天喝稀粥的飢餓，多數以「便於商量工作」爲借口，集中住在祠堂，有專人煮飯燒菜，肉腥不缺。反正沒有一個領導肯下到農家，哪怕是住一晚、吃一餐，瞭解到「三同」執行的眞情。反覆提出這個口號的最高領導，永遠也不知道他的幹部把他這個教導，只當做耳邊風。少數堅持住在農家的，也是多給錢糧，希望主人能體貼，偶爾煮頓乾飯，和偶爾在桌上能見到幾小片肉。加以每月都有幾次機會，出到鄉鎮、區縣、甚至專區省城，參加領導召開的「擴大會議」，同時加菜，使這些「餓鬼」得有機會大快朶頤，用油膏滋潤一下腹中的青苔。

有誰知道貧苦農民，是怎樣在長期飢餓狀態下，幹著粗重的體力勞動？更有誰願意爲他們，說句公道話？

一九五七年，有些高層領導向毛公提出要活躍政治文化生活、成立民主黨派、互相監督等等建議。

毛公惱怒之餘，決定「引蛇出洞」，把這些只會說、不會做的知識份子，從上層拉下來，統統打入社會的底層；由工農兵出身的共產黨幹部及其後代取而代之，「把顚倒了的乾坤，再顚倒過來」。

於是，中央提出了「百花齊放、百家爭鳴」的「雙百」方針，表示歡迎各界人士「幫助黨整風」，要求做到「知無不言、言無不盡」，黨則保證「言者無罪、聞者足戒」。

跟著，各黨報從未有過地爭相披露了一些旣大膽、又中肯的批評改進文章。這些在解放後第一次出現的「眞話」，引起了知識界的普遍共鳴，但同時也被各地黨組織記錄在案。

金沙煤礦當然毫無例外地組織了討論。

陳爲因爲已經廿七歲，超過了團員廿六歲的上限，但又未能入黨，便和很多這類未入黨的「老團員」一樣，滿心灰暗沮喪，沒有人叫，就甚麼組織會議都不去參加。

新入黨的出納員鄭姍，接替了黃子方出任共青團支部書記的職務。在一次團支部組織生活會上，她特邀請陳爲也到時參加。

她提起近來社會上發生的好幾樁事情。見到參加會議的陳爲，一直陰沉著臉，緘默不語，鄭姍便問他對黃子方案件的看法。陳爲說：「最近報上，不是發表了許多人的意見嗎？旣然有人提出有的地方出現過捕風捉影、肅反擴大化，就說明『冤案』、『錯判』也有可能。現在人已經鎮壓了，還提他做甚麼？」

談到折騰了多時的「統購統銷」，小組會就立刻熱鬧了。「我們村許多家，把所有穀子都挑去賣了。」「我家里連米都挑去了，後來要去買『反銷糧』，才有米下鍋。」……陳爲沉默地望著窗外，偶爾搖搖頭。

對於農村近年來發生的一連串變化，陳爲從心底同意一些人的看法。他們認爲中國農村經過連年戰亂，經濟底子已經十分薄弱。目前應該穩定分田後的所有制，使農民放心下地去勞動生產，先解決大家的吃飯問題。

他們認爲成立劉少奇主席建議的互助組織，在現階段簡單易行，能爲廣大農民接受。如果過早提出土地歸公，組織合作社，則可能因爲覺悟不夠、經驗不夠、資金、家底都不夠，反而使脆弱的農村經濟陷于崩潰。陳爲衷心佩服這些人的看法。

團支書鄭姍，用心記錄了各人的講話。

談到近來礦裏團員的思想、生活問題，鄭姍首先發言。

她說，前團支書黃子方被處決，在礦裏是一件大事。每個團員都應該檢查立場思想，和他劃清界限。「據有些人說，黃子方當初毛遂自薦，是獨自去何家談話，而且很快便決定了由何玉琴同志來礦擔任測量助理。因爲礦長助理知道很多資料，現在就需要何玉琴同志交代一下，你在縣一中團支部的時候，和黃子方有過甚麼聯繫，以及後來在礦裏，又有過哪些活動。」

在支部組織生活會上，何玉琴一向很少發言。現在聽鄭姍將自己和已處決了的黃子方聯在一起，一時錯愕到張大了眼睛，不知從何說起。

坐在玉琴旁邊的譚娟，鎮定地微笑著對她說：「想想再說。」

「在一中，」玉琴囁嚅地說，黃子方當團支書的時候，她才唸初中，不到十六歲，連入團的資格都沒有，根本沒見過黃子方。這次黃獨自來她家中，只說礦裏需要一個測量助理員，說她既然還沒拿到出國護照，很適合做這個臨時工作。她也就糊裏糊塗地來了。

陳爲冷冷地說，何玉琴來做測量助理，是黨支部的決定，由梁書記親自發出的通知，並且給了他一個副本。現在副本還在抽屜裏。

鄭姍啞了一陣，又說：「聽說玉琴同志還寫給黃子方一封信。」

「沒有！我哪有給他寫過信？」玉琴急得要哭出來。

「甚麼時候？」衆人異口同聲問鄭書記。

「大概就在打下飛機後不久。」

大家靜默了。

陳爲認眞思索了一陣，如有所悟。他隱約感到「山雨欲來風滿樓」。但他還是控制住自己，冷冷地說：「我不知妳是否指一份檢討書。有一晚何玉琴和譚娟值班放哨，在沒有請示過領導的情況下自行調班。我發現後責令她寫檢討，交給黃隊長。」

譚娟也急忙作證道：「陳礦長批評後，放哨回來，玉琴當晚就寫了檢討，還給我看過，第二天就交給了黃子方。我相信在查封的黃子方的檔案裏，可以找到。」

又是一陣沉默。鄭姍又說：「作爲一個團員，一個民兵，生活作風也要時刻注意。

聽說何玉琴同志曾經穿著花衣服跟著陳礦長去測量。」

「有嗎？」陳爲跟著說：「我從來不允許工作時不穿工作服，下礦不戴礦工帽。」

玉琴還不會爲自己辯護，只是委屈地說：「我工作時沒穿過花衣服。」

和玉琴同宿舍的一個女工回憶道，有一天玉琴洗了白襯衫，就穿著一件帶點的白襯衫在裏面，外面還是罩著工作服去開工的。

玉琴雖然莫名其妙地受了一些委屈，但最令她驚訝和感動的，是發覺「感情深藏不露」、很少說話的陳爲，居然罕見的挺身而出，爲她說公道話。

「陳爲確實是值得愛戴和信賴的。」玉琴想，「能一輩子跟著他，就甚麼都不怕了。」

但是，「幫助黨整風」所提出的許多意見，使得毛主席他老人家十分震怒：老子出生入死，才打下天下，還用得著你們這些臭知識份子教我怎麼治理國家？你們這些小腳婆娘，都瞎了眼睛啦？居然看不到農民高漲的社會主義積極性，看不到踴躍賣糧的熱火朝天，當然更看不到社會主義的改造高潮已經到來了。你們反而叫嚷：合作化搞早啦，統購搞多啦……甚至要和共產黨平起平坐，輪流執政……簡直是反了！

他老人家一氣之下，立即下令停止黨內整風，全力轉上「反擊資產階級右派份子猖狂進攻」的偉大鬥爭。

他拿筆算了一下：全國革命人民「要佔九個半指頭」，反革命份子只佔「半個指頭」，包括地、富、反、壞、右這五類份子。這當中，要屬右派份子最最可惡，應該佔敵人總數的一半，就是要佔全國人口的百分之二點五。各省市自治區，要通過大鳴大放大辯論，按這個比例，把這些右派份子一個不漏地統統揪出來，堅決把他們鬥垮、鬥臭。要把他們打倒在地，還要踏上一腳，叫他們永世不得翻身！

「佔人口的百分之二點五？那全國要打出一千多萬個右派！怎麼這麼多右派呀？」

「我們縣這麼小，不過二十來萬人口。按比例都要打出幾千個右派？我平時怎麼連一個都沒見過？我看把所有戴眼鏡的、連小學教師統統拉出來，也不夠一千呀！去哪里找幾千個？」

「老兄，東西可以亂吃，這話可不能亂說。聽說中央有個叫「李老漢」的（指李維漢），還是個甚麼大部長。就說了一句甚麼『工人和知識分子的聯盟，是中國第一個聯盟』，就給打倒了，永世不得翻身。彭老總功勞不大嗎？西藏那個大和尚地位不高嗎？也都因爲一句話，處分起來就像捻死一隻螞蟻。我看你是活得不耐煩了！」。

一九五七年下半年，主要在城市，在「知識份子成堆」的地方，那些大教授、大學者、大……連那些平時說過幾句俏皮話、寫過兩張大字報發牢騷的大學生，都紛紛中箭墮馬。

在他們簽了名、蓋了章、按了手指模後，一律發配遣往北大荒或青海湖邊勞（動）改（造）。

「『勞動改造』？我們這些老百姓，哪天不在勞動改造？不是也還活得挺結實嗎？」

「你以爲怎麼個勞動改造嗎？叫做『監督勞動改造』！我們縣過去那個挺老實的縣委書記，調上省勞動部當部長後，他老婆跟著也調到省建設廳設計院。這次反右運動說她是靠了丈夫的『紅色保護傘』，才能打進革命組織的階級敵人，就這樣打成了右派。她正懷孕大著個肚子，也要到一個工廠進行監督勞動改造。管理人員還專挑重活讓她幹。她心裏本來不服气，可是個性挺強，多苦多累，也咬著牙一聲不吭地拚命幹。大肚子女人最容易餓。好不容易聽見打鐘吃飯了，以爲可以和別人一樣去排隊拿飯吃，誰知廣播大聲說，右派份子某某人要到飯堂前邊空地上，接受革命群衆批判教育。這女人站在那裏又氣又餓又累，太陽又晒，竟不支昏倒在地上。……怎麼個『勞動改造』嗎？咱們中國人別的會不會不敢說，折磨起別人來，點子特多特絕，眞個是絕不心慈手軟。」

大城市就這樣劃了一大批右派後。可是一統計，不但沒有百分之二點五，連百分之零點二五都沒有。相差「老鼻子」啦！

各地領導和幹部，都傻眼了。他們深知一個人一經打成右派，他和他的家人，這輩子就全都完了。但是，凡經分配指標數字的，都屬較嚴重的政治問題。不要說只完成十分之一了，就算完成了一大半，他老人家追究起來，都夠叫你頓時渾身打哆嗦。

果然，上頭發話了：凡未能完成「反右」指標的，一律要「補課」。而且（和過去歷次任務一樣），只准超額、不准不完成。

好在人民共和國建政以來，這已經不記得是第幾次，需要層層調整、分配指標，才能最後完成「最高領導」交下的「任務」。

誰說不是呢？各地要劃出多少個地主、槍斃多少個反革命，有沒有任務數字？打出多少大老虎，有沒有任務數字？徵購糧食有沒有任務指標？要求實現合作化的百分比，有沒有指標？轉業、參軍，有沒有指標？批準多少人結婚、多少人生孩子，有沒有限額指標？出動多少輛卡車、拉多少大肚子老婆到醫院，往肚臍上扎下一針登時讓胎兒掉下來，有沒有指標？現在，打出多少右派，是他老人家親自在紙上畫出的「打擊面」比例，定出的敵我力量對比的「大是大非」問題，能沒一個數字指標？

何況，下邊層級領導爲了完成任務，保住自己的烏紗，也上行下效，有樣學樣。反正他做的是初一，我做的是十五，錯也錯不了多少。按人口比例分配嗎？這加減乘除，簡單之極。於是，任務很快分配到各省市、區鄉鎮。

所謂工多手熟。經過總結多次分配任務的經驗教訓，把上級分來的任務向下分配時，必須適當加碼，以給自己留有餘地。不說爭取超額立功了，即使在某個下層確實無法完成時，起碼有個機動指標，隨時調整迴旋。此乃新社會做官之道，不可不知也。

恩明金沙煤礦梁有才書記，也深諳此道。因此，在省委召開的工業廳反右動員擴大會議上，他根據以往經驗，先發制人，以佔領討價還價的有利陣地：

「我們那個小礦，都是些光著屁股下煤窿的煤黑子，比不得你們這些『吃屎份子成堆』的地方。我們那裏想找個『左擺右擺（左派右派）』看看，都困難。」

梁書記自恃根正苗紅，又沒有文化，深知在這種場合，只有佔便宜，從不怕會說錯話吃虧。他特別喜歡倚老賣老、撒潑撒野，來博取衆人喝采，以活躍會場沉悶窒息的氣氛。

「喂，老兄！可是你也不要忘記，你們那裏不是也有個懂得『拆樑』的大知識份子嗎？」

現在是寸土必爭的時刻。任何人減少一個指標，自己都有可能增加一個指標。老梁立即感覺到，周圍個個虎視眈眈、危機四伏，便做了三級戰鬥準備，隨時正面迎敵。

「大知識份子？」他眼睛一瞪，站起來大聲吼道：「不就那麼一個陳爲嘛！打倒了他，他躺倒不幹，你會搗鼓那個甚麼『儀』嗎？你他媽的知道哪裏有煤嗎？」他越說越跳近那人。旁邊的人恐怕他動粗，急忙把他拉開。

「這個書記我老梁當不了啦！你們準備找人吧！」他還是補上了這一句。

其實，參加開會的各單位第一把手，也大多是大老粗出身。平時的生產工作，大多要依靠幾個技術骨幹來完成。遇有任務，就往下一交代，然後自己就可以去打百分、打十三張、閒聊逗樂子。現在聽說要把這些生產主力打倒，還要踩在地上，永世不得翻身，就都傻眼了。聽到梁有才放響了第一炮，也都跟著蠢蠢欲動，看他領導如何答覆、如何料理！

省委魏副書記早就預料到，要完成這個「補課」任務，肯定十分艱巨。因此在交任務時，同時給了解決困難的錦囊妙計、萬靈丹方：「階級鬥爭、一抓就靈」。他說現在資產階級知識份子，就是仗著他們有文化、有技術，才企圖利用我們黨整風的機會，到處煽風點火，猖狂向黨、向社會主義、向人民進攻，以恢復他們失去了的天堂。如果我們不擦亮眼睛，揭露他們的陰謀，打退他們的進攻，我們就要吃二遍苦、受二遍罪，就要亡黨亡國。我們的子孫萬代，就要陷於萬劫不復的悲慘深淵。……

領導把能搬出來的恐怖字眼，統統搬了出來。彷彿地球就要毀滅，世界末日即將到來。

魏書記最後說：「在這生死存亡的關頭，我們每個共產黨員，都要從黨的最高利益出發，不能還是整天『他的比我的長，我的比他的粗』這樣斤斤計較，比來比去。」

大家張大著嘴巴，始終聽不明白，爲甚麼回去要把這些戴著眼鏡、成天彎腰做事、連說話都不敢大聲的人，全部鬥垮鬥臭。倒是對最後兩句，留下了深刻的印象，以後可以照搬。

當然誰也不想丟官。

於是，緊張時刻到了：具體分配「補課」數目。還有就是給這些人各加上哪些罪狀，各戴上幾級帽子，和各給以何種處分等等技術問題。

「金沙煤礦雖大，但知識份子不多，黨團組織也較薄弱，所以這次就減輕任務：只劃兩個。」

語音未落，梁有才一巴掌拍在桌面上，茶杯碰得叮咚作響：「兩個？怎麼個兩個？已經斃了一個了，還打兩個？」他又站了起來，「是不是連我梁有才也算一個？那就來綁人吧！」他又一巴掌拍了下來。如果不是旁邊那位老兄眼尖手快把他摁住，會議桌肯定給推翻了。

「也確實有困難嘛！」說這話的人不知是可憐老梁、還是可憐自己。

爭吵結果，最後確定恩明金沙煤礦，只劃代礦長陳爲一個右派指標，同時盡量爭取劃多一個，爲黨分憂。

陳爲的罪狀可以是：與反革命份子黃子方勾結，反對黨對煤礦的領導，煽動青年工人走「白專」道路。還有就是調戲婦女，亂搞男女關係，等等。最後這條必不可少，因爲人人聽得懂，而且最能引起工人們的興趣，吸引他們參加鬥爭大會，把平時領導他們的人搞臭。

至於戴帽子的等級，由於煤礦不是「知識份子成堆」的單位，陳爲來礦時間也不長，影響還不大，所以劃「一般右派」就可以了。處分呢，當然最低限度都得開除團籍，撤銷代礦長以及民兵隊長的職務，工資降低一級，留礦察看。

梁有才像捅破了的氣球般耷拉著腦袋，哭喪著臉不再發言。會場氣氛再也熱烈不起來了。

魏書記只好語重心長地說：對陳爲處分的最後一句：「留礦察看」，十分重要。我們不是要把他趕去北大荒或者打死，而是要他在工人群衆監督下，老老實實勞動改造，脫骨換胎，重新做人。只要他戴罪立功，將功贖罪，爭取群衆的寬大處理，他將來還是有前途的。這樣一來，陳爲不但不會躺倒不幹，而且會俯首貼耳，千依百順，十分聽話。你這礦黨委書記，也就更好當了。

一切「陽謀」都已安排妥當，只等回去召開大會，照本宣科。

13 第一封情書

梁書記實在一點也不想丟官。在會議上吵鬧，只是爲了減免任務而已矣。他一回去，便按領導佈置，召開除了陳爲在內的黨員擴大會議。他學領導的口吻，說明目前形勢的險峻、反右運動的迫切。「而且，」爲了顯示他的權威，特別他的「學問」，他危言聳聽地說：「這些右派，處處要和我們黨較量。所以鬥不鬥得倒陳爲這個大右派、這個反革命特務頭子，關係到我們的身家性命、子孫萬代和黨的存亡。我們必須站穩工人階級的立場，用孫悟空的金睛火眼和金箍棒，把陳爲這個大壞蛋揪出來！鬥倒鬥臭！不獲全勝，絕不收兵！全體共產黨員！全體共青團員！全體民兵！全體工人！黨考驗你們的時候到了！」他把拳頭一揮，準備大家長時間的熱烈鼓掌。

但是這些煤黑子，連要鼓掌這點禮貌都不懂。

雖說都是黨團員，但畢竟都是工人、農民，弄不清梁書記說的都是些甚麼內容。個個就像看戲一樣，聽梁書記「唱」完了。雖然表演得一點也不精采，但內容倒蠻新鮮。心想：這次又輪到陳礦長倒霉了。

人人就像泥塑木雕，坐著一動不動。

梁書記不得不走下講台，望望張三，叫叫李四：「要大膽出來揭發，有黨給你們撐腰！」

「陳礦長……」工段長馮新剛一開口，就被梁有才打斷道：

「不要再叫他礦長，叫陳爲！」

「哦。陳爲……」馮新繼續說：「陳爲這個人，平時煙不出、火不進的。我們成天在井下，連上來吃飯都很少見到他。哪裏聽他說過甚麼？」

第一工區長李守和也同意老馮的意見，說：「他是個用鋤頭都挖不出一句話的木頭人。他就沒跟我說過甚麼。」

……

看來，從這些煤黑子當中，是找不到鬥爭陳爲的積極份子了。梁書記想到何玉琴。可是，這何玉琴雖說是團員，是民兵，而且和陳爲最接近，最可能了解陳爲說過甚麼。但是，她是旅美僑眷，政策上得十分小心。她又有一定文化水平。「我老梁要想說服她出來揭發陳爲，我看沒那麼容易。」

他又想到出納員鄭姍。鄭姍的家庭成份是工商業，最近入的黨，正在爭取條件轉正。她又接替了黃子方爲團支書，最近也佈置了她注意陳爲的言行，準備揭發的材料。還聽說她過去有一次去找陳爲，碰了個釘子，心中肯定對陳爲有意見。對！這個人可以培養成爲鬥爭陳爲的積極份子。

在反右鬥爭的動員大會上，何玉琴一聽到梁有才忽然殺氣騰騰地把鬥爭矛頭直指著陳爲，就立即感到頭昏目眩，全身血液下降，舌頭發麻，雙腿發軟，無力站立起來。

恍惚中，她似乎覺得自己正在做噩夢；或者耳朵有問題，接收不到正確的訊息？她確實聽不清梁有才哇哩哇啦地叫嚷了些甚麼，只知道散會了，人群正在逐漸離去。

「現在應該是下午，剛開完鬥爭陳爲的動員大會。」何玉琴閉了一會眼睛，努力集中自己的意識，使自己盡快恢復常態。「無論如何，我不能在衆人面前表現出失控。陳爲也是不喜歡意志軟弱的。」這位涉世未深的年輕女子，終於摁著椅子的扶手，艱難地站了起來，跟隨衆人走出了會場。

陳爲，她敬仰愛慕的領導、老師和朋友，到底怎麼了？他犯了法。可是，究竟犯了甚麼法呢？爲甚麼不必經過任何審訊申辯，就已經把他定罪爲「右派」了呢？

百般思考，也無法將梁書記指控陳爲的「反黨言行」具體化。她不得不盡量追憶這兩年來，他有沒有說過甚麼反黨、反社會主義和反人民的言論；有沒有做過甚麼危害黨、破壞煤礦生產的行爲。她苦思冥想到睏倦已極，也想不出一件。相反，在她的印象里，陳爲不但不愛說話，而且除了工作外，任何群衆場合都很難見到他的影子。

「既然領導認爲他是個大壞蛋，爲甚麼還要把他從老遠調來做礦長呢？」，「既然他是團支部書記，爲甚麼還要反黨、反社會主義、特別還要反人民呢？」

找不到答案。她終於支持不住，睡著了。

醒來時一看錶，八點多了，已經過了吃晚飯的時間了。

好在她並不想吃甚麼飯。

作爲一個學生，何玉琴習慣遇到無法解決的難題時，總要去請教老師。在煤礦，陳為就是她要經常請教的老師。現在，她就不明白，陳為為甚麼要反黨，還要反人民。她尊敬信仰的老師，究竟怎麼了？她必須去問個明白。

她剛站起來，忽然又猶豫地坐下了。

「如果所有這些指控都是子虛烏有，強加於他的，他蒙受了冤枉又沒有申辯機會，我反而不問青紅皀白，向他提出帶污辱性的質問，這公平嗎？

「陳為一向不願多費唇舌為自己辯護。但是，對待如此嚴重的大是大非問題，也同樣可以保持沉默嗎？

「我是陳為的跟班助理，對他的言行了解最清楚。難道我沒有義務為他辯護嗎？

「我是個共青團員。當年入團宣誓時，曾保證要當好黨的助手。現在，黨把問題弄錯了。黨的威信和礦的生產都將遭受損失。難道我不應不顧自己的得失，挺身而出，幫助黨糾正錯誤嗎？

……」

何玉琴相信，她應該把自己的想法告訴陳為，徵求他的意見，然後商量怎麼做。她的確相信，她有充分的理由，現在去找陳為。

出乎意料，在陳為的房間門口，第二工區長吳有信坐在一張椅子上。看見何玉琴，他伸手從上衣口袋裏掏出一張小紙條，交給了她，並且說：「陳礦長……不，陳為，正在寫交代，誰也不准打擾。他說如果妳來，就把這字條交給妳。」

何玉琴打開紙條，上面寫著：

「我準備承認一切，並且接受任何處分」。

就這麼簡單，多一個字都沒有了。

這就是她憧憬、等待多時的，她的陳爲，寫給她的第一封情書！！！

多少人歌頌過的純潔美麗、幸福甜蜜的愛情，原來遠未開花結果，就已經受到如此恐怖、如此苦澀辛酸的摧殘了！「天啊！爲甚麼那麼多人都可以享受的愛情，對我何玉琴竟如此遙遠呢？我愛陳爲，沒有任何附加條件，也沒有損害任何別人的利益，爲甚麼就不能獲准呢？究竟我是犯了甚麼罪，才要受到如此可怕的懲罰呢？」

何玉琴從夢中哭醒的時候，已經是半夜十二點多了。全世界的人，都已經進入了甜蜜的夢鄉，可是她，她連晚飯都還沒吃啊！她究竟是怎樣失望地從陳爲房間門口，獨自走夜路回來的？後來又怎樣捏著那張紙條，倒在床上傷心痛哭，以致枕頭都哭濕了一大片？又是幾時又餓又累地睡著了？她完全回憶不起來了。

孤獨無助，寂寞空虛。難道這就是人生？未來的漫長日子，她將如何度過？都還有甚麼意義？……她又哭倒了。

可是天亮後的下午，就要開鬥爭大會了。她必須在這之前，見陳爲一面，向他表白對他的堅信，和更重要的：對他的愛。

已經一點多鐘了。也不知哪來的勇氣和力量，她又摸黑走向大樓後面那扇窗戶的底下。

冷不防，路邊不遠處突然閃出一大團黑影。

玉琴的心臟幾乎從喉嚨裏跳了出來。她想掉頭就跑。可是，顫抖的雙腿軟到沒有一絲氣力，她癱倒在地上。

頭腦裏一片混亂。但她仍舊可以感覺到，裏面衣服已經被冷汗濕透了。

她逐漸清醒了。「來吧！甚麼妖魔鬼怪都來吧！沒有甚麼會比現在更可怕、更痛苦的了！……最多是一死！死了我都要去見陳爲一面！陳爲！」她像個瘋子般痛苦地喊了出來，「你在哪裏呀？」

她掙扎著站了起來。周圍並不見有甚麼異常。「可能是我太疲倦了。」她顧不了那許多，終於摸索到窗口的下面。

就是這扇窗戶，曾寄託了自己多少溫情、多少愛慕、多少夢想、和多少祈禱祝願啊！

可是，她的心上人，竟然如此冷酷無情，完全不顧念她不顧一切，只爲了想見他一面的心情！他卻始終一點反應都沒有！他到底值不值得自己愛得如此深沉啊？

如果她的陳爲，還是拒絕來到窗口，哪怕僅僅是讓她見上一見，她就別無期盼、別無選擇，只有永遠離開這塊她原來認爲最是溫馨、美麗的鄉土，去異國漂泊了。

可是她轉念一想，自己可能是剛才嚇破了膽，嚇糊塗了，所以才想把一肚子怨氣，無端發在陳爲身上。

陳爲何曾向自己表示過愛？他之所以未曾表示過，必定有他的原因。如今他被當做靶子般進行鬥爭，人身自由都受到了限制。我不能給他實際幫助，反而埋怨他不來安慰寬解我。實在是太不懂事，也確實不配得到陳爲的愛。

她感到既餓又累，幾乎支持不下去了。

「神靈啊！」玉琴跪倒在窗下，她絕望地向那至高之處的冥冥上蒼哀求道：「您們必定見到了，我幾乎就要崩潰了，也沒人可憐。仁慈的神啊！您們定能寬恕我一切過犯和罪孽，爲受屈的陳爲伸冤。現在天就快亮了，我還在這裏徘徊，一籌莫展。如果是您們安排我來煤礦，又安排我遇到陳爲，您就使陳爲的心腸稍微軟一點，走來窗前和我一見，聽我說出那唯一的一句話，我就心滿意足了……」。玉琴狠命掐住喉嚨，不讓自己哭出聲來。

「陳礦長……陳爲……」她聽到自己的聲音，是那麼顫抖、那麼虛弱，那麼遙遠。

窗戶里燈火通明，可是，沒有反應。

陳爲不可能是睡著了。他只是不想和她見面，不願在這種情況下，還給她甚麼影響，那可能會對她不利。

可是事到如今，有影響怎樣？沒影響又怎樣？

他就不想想，三更半夜，獨自一個弱女子，站在這荒郊野嶺和鬼狐爲伍，他就一點都不心疼嗎？

「陳爲，我天亮就走了……我只要求見見你……」。同樣沒有反應。

咫尺天涯。陳爲究竟犯了甚麼罪，他和別人中間，就必須劃上一道無法逾越的鴻溝？她自問，自己一直是十分克制，十分謹慎，甚麼都不敢表示過。心中那句老早就想向他透露的秘密，看來，永遠也沒有機會對他表白了。

夠了。兩年來那些熱血沸騰的覺悟，那些理想和決心，還有那些欺騙……都去見鬼吧！她已經受夠了！

她又一次失望地走了回去。

早飯後，梁書記找何玉琴去談話。

玉琴面色蒼白，無力地閉著眼睛，一言不發。既然那些寫得歪七扭八的大字報，已經公佈了陳爲的所有「罪狀」，既然「鬥爭」還沒開始，未經原告指控，也不需被告答辯，陳爲就已經被定性爲「右派」，那還能說甚麼呢？還需要說甚麼呢？一切早有預謀，現在只不過是殺雞儆猴，表演給大家看看而已。

梁書記見到何玉琴，還不到兩天，竟變得如此消瘦蒼白，一時驚得不知說甚麼好。既然玉琴堅持一言不發，他只好勸她不可有牴觸情緒，應該站穩共青團員的立場，和陳爲劃清界限，勇敢站出來揭發他的反黨言行，爲自己創造入黨條件，並爭取自己的出國申請早日獲准。

何玉琴不明白到了現在，梁有才還說這些做甚麼。她只想告訴他，她不肯出賣自己的靈魂，不願在這場醜惡的表演中，扮演任何角色！所有這些表演，都只會令她作嘔！

但是，她還是甚麼也沒有說。她隱約知道，一旦黨決定了甚麼事，就再無更改迴旋的餘地。人民共和國從來沒有「改判」這個辭。這些人都是執行者，都是傀儡。激怒了他們，他們就會運用手中的權力，說陳爲「死不悔改」，說他「教唆」他的助理，破壞運動，陰謀進行反革命顛覆活動，因而要罪加一等，加重處分。陳爲也不喜歡她有時衝動、鹵莽和不計後果。他字條上的兩句話是有道理的。

經過梁書記苦心佈置的大字報，只有可憐的幾張，質量當然十分之低。最惹人注意的，是出納員鄭姍的一張，學報紙上發表過的一幅漫畫：一個人舉著一面招魂幡，說陳爲誣衊黨的「肅反運動」是「捕風捉影」、是擴大化了，以致冤枉殺了人。「含沙射影」指錯殺了他陳爲的死黨、反革命份子黃子方，爲黃擊鼓喊冤。

另一張也是鄭姍寫的，說陳爲抹黑黨的統購統銷，認爲一無是處。對有人說統購時，家中連口糧都挑去了，沒米下鍋，只好又去買反銷糧，等等，陳爲大加讚賞。

還有一張雖沒有署名，但字跡顯然和那兩張同出一個手筆。說陳爲利用礦長職權，袒護縱容團員中嚴重的資產階級腐朽的思想作風，以達到個人不可告人的目的。整張惡毒漫罵，卻沒有一句說出實際。

其餘的多數沒有署名。其中一張說陳爲看不起煤礦黨領導，說煤礦需要的是知識，是技術。他陰謀篡奪黨對煤礦的領導，引導煤礦走「白專」道路。

又一張說陳爲用小恩小惠，拉攏、挑撥工人和黨的關係。說一次勤雜員鄭智母親生病，陳爲主動送錢給他，進行收買拉攏。

一張說有一次工人們閒談，說到報紙上，有人揭發某教師曾形容自己是「夾著尾巴做人」、是「小葱蘸醬，頭朝下。」陳爲聽後笑了起來，表示有共鳴、很讚賞。

再一張就是梁書記寄以厚望的，說陳爲「亂搞男女關係」。說他借口工作需要，誘騙女青年到郊外，又誘騙出納員到自己辦公室，企圖耍流氓。

……

幾頂大帽子底下，甚麼具體內容也沒有。難怪一些工人看了之後，直抓腦袋，不明白在說些甚麼，更鬧不清陳礦長究竟因爲甚麼，才招來如此彌天大禍。只聽見工段長馮新邊看邊點頭、邊自言自語道：「對呀，陳爲說得對嘛！事實就是這樣嘛！」

鬥爭大會上更是冷冷清清。梁書記說了開場白後，便責令陳爲首先坦白交代自己的反黨言行。「如果不老實交代，群衆就要無情揭發，那時你就罪加一等！」

果然不出衆人預料，陳爲沒有說出幾句話。第一工區長李守和又在下邊小聲說：「我早就說過，他是個用鋤頭都挖不出兩句話的人。」

梁書記絕不因此罷休。又親自出馬，站起來說道：「陳爲說不說都沒有分別。他嘴裏不說，心裏在說，不也是一樣？右派份子的本質——就是一生下來，就是反黨、反社會主義、反人民的。現在大家來揭發！」

幾個事先教好上台揭發的，都是說了兩句、漏了三句，期期艾艾，不知所云。梁書記只好寄希望於出納員鄭姍。可是這位鄭出納始終漲紅著臉、低著頭，就像她反而是被鬥爭的那樣。

陳爲不願影響工人們的鬥爭情緒，始終沒有把目光直望著群衆。他又低頭等了一段時間。見到再沒有人上來發言了，不想見到冷場造成的尷尬，便站起身走到桌前，掏出支筆，在事先准備好的認罪書上簽了名，並按下了指模。

何玉琴始終沒辦法在鬥爭會前見到陳爲。她知道，只要她去到鬥爭會場，她就可以見到她的陳爲了。但是她不願意。不願意去欣賞這場只有幾個人叫嚷、而沒有一個人敢說眞心話的表演。她明白失去的將是可以見到陳爲最後一面的唯一機會。但是，她可以想像，陳爲這兩天也同樣是既不想吃、又不能睡，不會比她好得了多少。而且，如果陳爲沒有在鬥爭現場發現她，他反而會覺得比較輕鬆，比較能掌握自我。「如果在會場見不到我，他應該能了解我的。」玉琴堅信。

少女的一切美好夢想，都已經像肥皀泡一樣破滅了。剩下的，是一顆不停抽搐的心臟和不時哽咽的喉嚨。再待下去，已了無意義。她急於回到家中向姑母傾訴一切，然後放聲痛哭一場。

她胡亂收拾了一下隨身帶來的東西，便坐下匆匆寫了一張紙條——可憐這竟是她寫的第一封情書！她估計所有人都去參加鬥爭會了，包括那個守在陳爲房門口的第二工區長。

果然不出所料。她便把紙條從門下邊的縫隙塞了進去，並用一根小棍，將它深深地捅進去：

「我不願在我敬愛的老師受到凌辱時，仍舊保持沉默；更不想去觀賞這場醜陋的表演，雖然你也將是主角之一。

我很難再支持下去，所以我走了，天涯海角，任去飄泊。

親愛的老師，親愛的哥哥。我帶走你送給我的那本日記本，我已經無日或離。原諒我還帶走了你私人的一把計算尺，和我們在前年第一次見面時，你讓我閱讀的一本小册子『測量指南』。那扉頁上有你寫下的字跡，可惜已被我的淚和吻浸成模糊一片了。

我堅信總有一天，我會把他們親手還給他們的主人的。萬望珍重。」

據說兩天後，這位受了重創的姑娘就和姑母去到廣州，住在一個親戚家裏。一個多月後，她才收到由北京簽發的護照，經香港飛去溫哥華。

14 書記靠牆睡著了

對於這場有如十二級颱風、以泰山壓頂之勢突然襲來的反右派鬥爭，陳爲確實毫無思想準備。「參加革命」十年來，他似乎一直生活在反覆交代過去，和不斷自我批判的過程中。他似乎已經適應這種自我否定了，以致在獲悉召開黨員擴大會議、自己身爲礦長卻不獲通知參加，以及跟著來的鬥爭大會上，不致崩潰下來。眞是「來也匆匆，去也匆匆」，如同一場噩夢。好在只不過一兩天，就草草收場了，沒有把痛苦無限地延長。

一場暴風驟雨又過去了。現在，一切塵埃都已落定。

自從參加部隊那天起，共產黨就沒有把他陳爲視爲革命隊伍中的一員。如今回想起來，他確實也非上當受騙。當初，是他自己甘心情願投靠「革命隊伍」的。沒完沒了的「運動」，一個又一個過去了。自己雖稱不上是個「運動員」，但每逢運動到來，心中的憂慮、恐懼、惶惑不安……那種痛苦只有自己才知道。要來的終歸要來。眞所謂「遭劫在數，在數難逃」。

如今已是「眞相大白」。再不需要戴著甚麼「礦長」的桂冠名銜，同時又懷著「小偷」般的不安心理，來自欺欺人了。他就是陳爲。其餘甚麼也不是。

現在，他感到最最安慰的是，在感情方面，一直都十分克制，十分謹愼小心，沒有給任何人產生任何幻想、任何誤會的機會。否則，自己承擔痛苦之外，還要連累別人承受痛苦。而使到別人痛苦，又反過來加深自己的痛苦，那就是太不智了。

他特別想到已經斷然離他而去的，他的助理何玉琴，那位未受過任何污染，天眞純潔的女學生。在玉琴已經知道他即將被鬥爭、被劃爲右派後，不但沒有嫌棄他，而且衝破了各種艱難險阻，毅然要求見他最後一面的執著，令他深深慚愧、感佩。

那個可怕的深夜，她能孤獨一人來到窗前，必定是經過了許多痛苦的內心掙扎，最後才決心向他提出最低的懇求：允許她見他一面。結果，連這個最屈辱的懇求，都遭到了拒絕……在那種情況下，是任何後果都可能發生的！爲甚麼他竟絲毫沒有考慮到她的安危？而他的理由僅僅是：可以毫無牽掛地、輕裝參加鬥爭會。——對比之下，未免過份自私了！他怎麼配得上何玉琴口口聲聲稱他爲「老師」、尊他爲「哥哥」？

玉琴絕望地走了。他竟吝嗇到，連「借」給她一副可供她伏著痛哭一場的肩膀，都捨不得！在相當長的一段日子裏，他將爲自己的過份冷酷，感到內疚！

其實，他的心又何嘗是一塊鉛石？

只因考慮到，在強大的「無產階級專政」的統治機器下，一個人算得了甚麼？玉琴的確就像一朵白雲，可是她幻想依附的，卻是黑夜大海上的天空，誰都把握不住自己的命運。他能給她甚麼？只有無邊的痛苦和絕望！爲了不使雙方墮入痛苦的深淵，連自己那顆從未受過愛情折磨的心臟，都在痙攣、都在顫抖！他是狠命咬住自己的嘴唇，到快要出血，才控制住自己想跑到窗前、甚至想跑下樓，把她緊緊摟在懷裏的衝動！他畢竟也不過二十來歲，也還是個活人啊！再愚蠢，也不至於連發給自己的求愛訊息，都接收不到。這畢竟是動物的本能啊！

但究竟「形勢比人強」。他不但不准向人表示愛，就連接受別人的愛，都不獲准。因爲那不是「打進來」，就是「拉出去」。是「殊途同歸」，同樣要受批判、挨鬥爭。

像他這類的人，生來就是一顆不幸的種籽。不論落在哪塊泥土上，長出的根，發出的芽，都逃不脫悲慘的命運。

但是純潔無瑕的何玉琴，有一切理由去到父母身邊，開拓自己幸福美好的未來。他實在沒有任何理由，答允甚至要求她爲自己做出犧牲。因爲就算一切如她所願，他們快樂地結合了，但是等待著她的，就是面對丈夫被拉去鬥爭，得不斷低著頭，作檢討自責！面對鋪天蓋地、極具侮辱性的大字報，面對人們疑慮避忌的目光，面對眞正孤立的感受，她受得了嗎？甚至，不斷有人前來向她展示：她的丈夫，原來是個「受人唾棄」、「不齒於人類」的「臭狗屎堆」，她應該當機立斷，和他「劃清界線」，斬斷關係。到那時，她還能接受這樣一個「丈夫」嗎？在這種沒有尊嚴、沒有互信的情況下，又何來「愛情」可言？到頭來還不是懷著懊悔怨恨、鄙薄嫌棄的心情，一拍兩散？這種一場歡喜一場空的事例，難道還見得不夠多嗎？

他不得不從一開始，便引起警惕，十分謹慎地處理兩人間的關係。

他和玉琴，已經註定了屬於兩種截然不同的命運。但天地不仁，叫他們偶然相聚在一起，而且產生了感情！玉琴涉世未深。但他陳爲呢？旣已預見到發展下去的悲劇，爲甚麼當初不快刀斬亂麻，將這段沒有結果的感情，阻絕於萌芽狀態？雖然最後他堅持的冷漠不回應，到底引起了她的絕望和反感，以致斷然離他而去。但是，她已爲此付出了沉重的代價！這個孽債追討起來，他陳爲如何償還得起？

「就讓過去了的，過去吧！」這就是長期以來，他陳爲對付一切難以解決的困惑，不得不採取的態度。

幾天來，陳爲跟其他工人那樣，爲了實現多、快、好、省建設社會的「總路線」，達到「大躍進」的放衛星生產指標，得整天奮戰在工地，根本不必換下工作服。

沒有了屬於個人支配的時間，也就無法爲個人問題憂愁傷感，反而省了不少精神。難怪有人倡議，要做一顆沒有思想、沒有感情的「螺絲釘」。

陳爲從工地回來吃飯，有片刻時間坐在宿舍窗前休息。他望著一向安靜單調的空地，突然變成了人們不停穿梭往來、喧嘩熱鬧的公衆場所，也覺得十分新鮮。

空地上，已經建起了好幾座要煉出鐵的「土高爐」、和要煉出鋼的「小轉爐」。附近小學校基本上半停課了。老師輪流帶領各班學生來砸「鐵礦石」。

手拿釘錘、叉開小腿席地而坐、邊錘敲邊嘻笑的小學生，顯得十分興奮。不必關在課室里，能集體出來玩耍，大受孩子們的歡迎。可是好景不常。學生們由於最近睡眠不夠，加上動作十分單調，嘰嘰喳喳的歡笑聲漸趨沉寂，不少邊操作邊開始打瞌睡。

不時聽見「哇」地一聲，又一個孩子砸著自己的手指頭了。隨去的校醫，不停爲這個擦藥水，又趕去爲那個包紮。爲了避免學生打瞌睡，鼓舞學生鬥志，老師得不停帶領學生叫口號：「學習劉胡蘭！」、「全民大煉鋼鐵！」、「各行各業大躍進！」……

村裏各家的鐵鍋、鐵勺、鐵鏟……一切金屬炊事用具都丟進高爐膛裏煉鐵了，一切銅壺、銅門鎖、連大碌竹上的銅煙嘴，也都集中拿去煉銅了。加上糧食已全部交給了政府，農村已提前進入了「共產主義」，所以婦女就完全從家務勞動中解放了出來，聽打鐘、進飯堂，敞開肚皮吃。煤礦當然也不例外。有的工人怕一缽飯不夠吃，拿兩缽。兩缽又吃不完，以致井下隨處可以見到發了霉的剩飯剩菜。

村民也不能白來吃飯。全體男勞動力要隨隊上山找尋鐵礦石；婦女除了少數到大飯堂幫忙外，多數要負責將村前後、以及山上能見到的樹木砍回來，供煉鋼鐵以及大飯堂煮飯用，還要把那些奇形怪狀的「牛屎疙瘩」——那些大量的「燒結鐵」，搬去空曠處，以免阻礙交通及碰傷行人。

原來牆上貼的反擊右派的大字報，又在上面貼滿了「高舉三面紅旗、十五年內超英趕美」、「大煉鋼鐵、實現年產一千萬噸」、「我礦日產煤一千噸衛星上天」等等標語口號。

反右鬥爭後，梁有才書記暫代礦長職務。何玉琴助理走了，測量工作助手一職暫由衛生員譚娟兼任。第二工區長吳有信，則兼任民兵隊長。

梁書記除了要抓生產進度外，還得抓政治思想教育。一次開會，談到「實現三面紅旗」問題。他又忘記了究竟是哪三面。報告無法繼續下去，便裝模作樣，提問工段長馮新：「老馮，你說說：三面紅旗是哪三面？」

馮段長冷不防被點名，只好匆匆答道：「嗯……大煉鋼鐵……打倒右派……」

「亂彈琴！有信，你說說看。」大家都知道梁書記最賞識二工區長吳有信。

可惜吳工區長、新上任的民兵隊長也沒有準備。他抓了抓腦袋，試探著說：「大躍進……嗯……畝產三萬斤……嗯……」

「甚麼亂七八糟！」梁書記也忍不住笑了起來。但他很快意識到「右派份子」陳爲也在場，便趕緊板起了面孔，很不自然地說道：「陳爲，你說說看。」

陳爲也確實沒有注意過究竟是哪三面紅旗。只是這類標語口號，到處都是。你不去看它，它偏要印在你視網膜上，由不得你做主。因此，陳爲不敢肯定地回答道：「不知道是不是總路線、大躍進、還有……人民公社？」

梁書記怎麼也弄不明白這「三面紅旗」，究竟說的是些甚麼。他雖然相信陳爲是不會弄錯的，但爲了站穩「階級立場」，只好哼哼哈哈了一陣，跟著模稜兩可地說道：「嗯，你要認眞學習，好好改造。」

從此，梁有才再也不敢做「闡釋」三面紅旗的嘗試了。

開開會，說多說少，倒無所謂。只是這每天一百噸的產煤任務，如何去完成？那陳爲倒是打倒了。可他老梁，得兼任這倒霉的礦長，得天天向縣裏、特別還得向省裏工業廳上報產煤實際數字。無法完成時就追得你頭暈眼花，有時還要登報批評，出你洋相！眞是越想越覺窩囊。

可是這屌「大躍進」，是毛老人家親自提出的。如果抗拒，那麼多身經百戰的大將軍都打倒了，你老梁算得了個甚麼玩意兒？

想到這裏，梁有才不禁打了一個寒顫，決定把抽出去煉鋼的工人，再統統撤回挖煤。

「金沙煤礦掘進工作日夜加班！」縣裏廣播器果然大幅報道了。還說他梁有才書記已經兩天兩夜沒下火線，領導戰鬥在產煤的最前線。

實際上第二天晚上，就有人看見他靠著牆，站在那裏睡著了。二工區長吳有信趕快叫兩名礦工送他上礦井，並通知衛生員譚娟，用擔架抬他回宿舍。放倒床上，他都一直熟睡不醒。直到天亮，才見他翻了一個身，就又睡著了。

隨著農村成立了人民公社，一些城鎮也先後成立公社組織，一切生產資料和勞動力，由公社統一管理、統一調配。

爲了實現公社「一大二公」的優越性，使人人就業、個個增加收入，鎭黨委便在靠近煤礦處，建起了石灰窯和磚瓦窯。但這兩座窯能吸收的勞動力也有限。便鼓勵大家「敢想敢幹」提意見，總之要符合「多、快、好、省」建設社會主義的總路線。

有人認爲只要底下有煤供應熱量，石灰石就能燒成石灰。而且疊得越高，產量越高。不一定要建窯這些條條框框。

鎭公社黨委一聽，眞是敢想敢幹！可是怎樣付諸實行呢？

反正「三個臭皮匠，頂個諸葛亮」。依靠群衆，就有辦法。

問題是，煤塊熱量雖大，但在這無遮無攔的露天地燃燒，不能持久。大塊的石灰石還遠未燒成，就沒火力了。

這辦法行不通。

「如果把煤粉做成煤球或煤餅，不就可以增加承受力，又能延長燃燒的時間嗎？」

對！群衆這個建議可行！

15 年輕媽媽躍火海

正好鎭上一些工商業和小商販的老闆娘，不知往哪裏安排。現在正可以安排她們去和泥做「煤餅」。反正她們在家裏，也都是揉麵做「糕餅」的行家好手。現在出勤一天，還有人民幣六毛錢收入。要是一個月出足勤，就有十八塊錢了。總比沒有收入好。

另外，揉煤泥需要混合稍有黏性的黃泥，需要有人去山邊採挖。估計一天不休息，可挖六百斤重的一手推車回來，便也定價六毛錢一車。

有幾個正在初中讀書的沒落地主家庭子女，需要生活費用；說既挖泥又推車，勞動量比坐在小凳上做煤餅大得多，一律定爲六毛錢，太不合理，要求調整。

管事的鄭姍出納兩眼一瞪說：「你嫌少，有別人來做。你做不做？」這幾個苦學生，只好忍氣吞聲地接受了。

煤礦平添了不少嬌滴滴的大小老闆娘，確實生色不少。但她們開工後，就都坐在從家裏帶來的小板凳上，等人把和好的煤泥挑到面前，才動手做「餅」。

可是，誰負責把煤粉、黃泥和一擔擔水挑來，倒在一起，大冷天脫鞋除襪、捲高褲腿、光著腳站在煤泥裏、用雙腳把這一切和好踩勻呢？老板娘都不肯做這個工，說這黃泥和煤粉裏，有釘子，有碎玻璃，還有尖利的礦石碎。扎破了腳，會得破傷風的。「為了這六毛錢，我犯不著。」

萬事皆備，只欠東風。縣委不得不從體校，調來一位已劃為右派的胡姓女教師。說她手腳靈敏、能跑會跳，很適合這項勞作。

這位新做母親的胡老師，不，「老胡女」，確實十分賣力：挑完又踩，踩完又挑，還得胡亂洗洗手腳，給婆婆抱來的嬰兒餵奶。其實這餵奶，就是她唯一可以坐下喘口氣的休息時間。

又有問題出現了。

如果要求這些煤餅，能承受上面接近一丈來高的石灰石堆的壓力，就必須是十分乾燥堅硬、能按照那個物理學的甚麼原理，逐層疊成既有承受力、又有空氣助燃的基礎。

可是這些排在空地上的「新鮮」煤餅，在這陰冷的冬春季節，甚麼時候才能變得「乾燥堅硬」呢？「總路線」「大躍進」，是不能坐在這裏乾等啊！

我們有的是「人」，而且「敢想敢幹」！

有人說，那饅頭不是也要爐火烤，才能硬嗎？把這些半乾的煤餅，排列在這已升火的石灰石壁，不是會快些烤乾裝窯嗎？

這次，梁有才書記親自出馬，指揮這些嘰嘰喳喳的娘子軍排成一行，把前兩天做的、表面已較乾硬的煤餅一個個傳到窯旁，貼在灰壁進行烘烤。

但是，沒有一個人肯站在緊貼窯壁的第一號位置。

「叫老胡女來！她投籃那麼準，這拋煤餅是小意思。」

這露天平地燒石灰的新發明，確實「多快省」，但是無法兼顧「好」。溫度不夠，燒出的石灰多數是「夾生飯」。運到各地的一車車石灰，其中還有不少是「石灰石」。不但影響了建築質量，而且灰窯也得不斷重起窯基、疊石生火。

灰窯工人不夠用。剛好各中小學響應毛主席「抓革命、促生產」的號召，停課下鄉或下礦支援工農業生產。

一些高中女學生既無裝窯經驗，也無其他技能。只好安排插在工人中間，傳搬大塊石灰石。

對停課搞生產，本已思想牴觸，現在安排來幹如此粗重單調的力氣活，大家都噘著嘴，一言不發。對於傳給自己的大塊石頭，能捧住不掉下砸著腳，已經不錯了，很少有誰夠力氣再捧到下手的面前。

和這些臉拉得老長、又一言不發的小姐們一起工作，工人們實在一點也不感興趣。現在還得自己探腰去接大石頭，更是一肚子怨氣。有時不免說些下流粗話，來打發時間。

聽說新來的一批女學生，被安排在這裏傳大石頭，梁書記也前來看看熱鬧。

「喂老兄，說話文明點。」班長提醒那位工人道。

「怎麼文明點？你這塊『黏涎』沒見到我老得伸手去夠嗎？我累得連那條都軟得

挺不起來了！」這工人見粱書記來到，有了知音，才敢放肆地說。

旁邊的工人也跟著打趣道：「甚麼那塊『黏涎』？」

「甚麼屌班長，不也是他老子射給他娘的那塊『黏涎』變的？有甚麼了不起？」

「我是說有這麼多女學生在場，……」

「女學生？女學生不也想她男人的那條又粗又長才夠勁？不過癮不也要去偷？」

粱書記跟衆人一起，大笑了起來。工人們的情緒，顯然高漲了許多。

女學生們放工回到宿舍，多數躺倒在床，把被子蓋過頭，哭的哭，嘆氣的嘆氣。只有胡老師在和夠了煤泥，又疊完了煤餅後，最受歡迎。

「老胡女，妳不用傳石頭了。」班長說：「大家說喜歡聽妳唱粤曲。妳就坐在一邊唱兩段『昭君出塞』，大家聽得高興，動作快一點，妳就立功了。」

工人們早已忘記了，要負責監督右派份子「勞動改造」的神聖職責。

胡老師剛離開窯火，粉紅的雙頰，顯得肌膚更加白皙。那皓齒明眸映著滴滴汗水，更顯出這位年輕母親旺盛的生命力。她幽怨婉轉的歌喉，眞能繞樑三日，聽得衆人都說「流出了耳油」。

可是，即使燒出的是廢品，也燒掉了同樣多的煤餅。燒石灰不斷「補課」重燒，煤餅的需要量就大大增加。烤乾的煤餅，顯然不夠供應。

胡老師帶著一個寒假來做臨時工的女學生小黎，用長叉把一窯窯烤乾了的煤餅扒下來，堆在一旁備用。

剛巧新上任的民兵隊長、二工區長吳有信，帶著一個參觀團來到。他神氣十足地對那些人說：「這熱窯的餘溫，還可以利用來再烤乾一窯煤餅。這就是毛主席說的總路線『多快好省』中的『省』。」

他扭頭對胡老師說了幾句甚麼。參觀團的人，也邊走邊爭論著甚麼。烤乾了一窯煤餅的窯火下層，已經沒有熱量了。這就是剛才吳工區長交代胡老師，要將溼煤餅貼在還在熊熊燃燒著的窯火上層的原因。

緊靠窯火，溫度起碼有攝氏六、七十度。站在第一號位置、每次向窯壁拋貼一窯煤餅，約需大半個鐘頭。沒有任何勞動保護，也沒有替換輪班，胡老師的面龐經常被烤得紅中帶紫。除了要不斷喝涼水外，還得助手小黎，不斷向她臉上潑冷水幫助降溫。

這次要將濕煤餅，用力拋貼在窯壁高處，胡老師就必須站在二尺來高的窯基上操作，不停探腰接過小黎拋給她的煤餅，再扭頭準確地拋貼在前一個煤餅的旁邊。

在等待衆婦女到齊，開始傳遞煤餅前的空檔，胡老師有空閒接過婆婆背來餵奶的兒子，讓他吃奶。

胡老師是個急性子。孩子還沒吃上幾口，她想趕快開工，就叫婆婆接過孩子。衆婦女看不過眼，紛紛說：「孩子還能吃多少？再忙，也得讓孩子吃飽再說。媽改造，不能說孩子也不用吃奶了？」

婆婆聽說，有種不祥的感覺，但也只好背起哇哇哭叫的孫子，六神無主地走回家。

用力拋上、緊貼在窯火外圍高處的一行行溼煤餅，重量很大。再加上下層已沒有了火力，燒成的石灰層已經變得鬆散，沒有了承受力。

「轟隆」一聲巨響，上邊仍在燃燒著的灰石層突然崩塌，鮮血般的火石海，狂怒地奔騰而下。衆人瘋狂驚叫，爭相躲避，亂作一團。

胡老師一躍而下。但是，她來不及跑開，就被一大團熊熊燃燒著的灰石，壓在底下。

小黎也躲避不及，當場倒地。

譚娟第一個聞訊跑到現場。與衆人合力拖出嚴重燒傷的兩個人。草草包紮了要害部位，就抬上一部運煤的卡車，急送簡陋的鎮衛生所。

胡老師終因燒傷範圍過大，搶救無效，當晚宣告不治。

重傷的小黎，當晚急轉送三十里外的縣人民醫院搶救。雖經植皮、輸血各種外科手術折騰，終歸要切除左上肢和部分左下肢，才能保住性命。

這件事故受到省、縣各級生產指揮部點名通報。最後還說：「生產必須安全，安全爲了生產！」多麼冠冕堂皇！但要完成「總路線」「大躍進」的「奪取」指標，怎樣爲了生產？又怎樣才能安全？誰也無法解釋。事實上也無暇去解釋。

16 他等不到提拔了

陳爲帶著譚娟，每天都得不停奔走在各個工區，將計劃開採各井的地理位置、估計儲煤量、以及掘進方向等，詳細列表說明，並寫成書面，供各級領導參考。特別目前正在掘進的第五號礦井，正與一個採空區相向進行。所以，他每天都特別小心地核對譚娟計算出來的結果，以保證新舊井之間留有足夠安全的礦柱。

當計算出的掘進面距採空區還有十二米時，陳爲便在當日的測量報告後面，文字說明五號井掘進已達極限，可以考慮立即停止繼續開採，轉移新井。因爲測量結果難免和實際有些出入。

戰鼓頻催。上級幾乎天天來電追問當日完成的採煤數字。五號井的產量如此穩定，梁書記怎肯就此罷休？況且轉移新井，頭兩天的產量經常很少，上頭追問下來，你陳爲來接電話嗎？

他把報告丟在一邊。

又兩天過去了。

第三天測量結果：掘進面距採空區只有四米了。這是個十分危險的訊號。任何細小的誤差，都會導致嚴重事故的發生。

一向沉穩的陳爲，也沉不住氣了。他向助手譚娟說明了情況，兩人決定再一次十分認眞地覆查。他們選擇了幾處不同的位置，豎立坐標，更從不同的角度，各作兩次互不依賴的獨立檢測。

計算結果，竟是可怕的近似！

陳爲沉重地反覆提醒自己，作爲一個測量員的起碼職責：在任何情況下，都不能漠視自己「職業的良心」。

他要求譚娟和自己聯名簽署一份報告，懇求領導立即停止五號井的掘進。然後他拿著報告親自去見梁有才書記。

路上碰到剛下班的工段長馮新、以及第二工區長李守和。二人見這位倒了霉的「礦長」神情凝重，行色匆匆，便和他開玩笑，問他是不是又要「反右」鬥爭了。

陳爲不敢在工人面前隨便說話，生怕又被加上「煽動破壞」的罪名。他只簡單講了一下五號井的測量結果。馮段長和李工區長聽罷，滿臉不屑地扭頭就走。

但馮新畢竟還是停下腳來，似生氣又像同情地指摘道：「你這書獃子也眞是『死不悔改』。你這是抬著棺材去進諫嗎？報告已經交上去了，就沒你的事了。怎麼？還要扒下人家的褲子等屁聞，自討沒趣？」馮新越說越生氣：「你以爲你還是礦長嗎？」

梁書記剛剛放下縣裏工業部打來批評的電話，一肚子沒好氣。現在見到陳爲又來囉嗦了，正好把怨氣發在他身上。

「你是存心和我過不去還是怎的？你沒聽到剛才縣裏打來的電話嗎？五號井有甚

麼問題?你三天兩頭嚇唬我要我停挖?你又不是孫悟空,金睛火眼,能見到地底下的情形!你敢保證你們測量的就那麼準確?上級追任務追得這麼緊,你這個右派份子不好好改造,爭取立功贖罪,反而造謠惑衆,恐嚇黨領導,破壞大躍進,你不怕加重處分嗎?」

梁書記把陳爲交給他的報告一下擲回到陳爲臉上,說:「回去寫檢討,明天交來!不準再來囉嗦!」

發了一頓脾氣,梁有才感覺氣順了不少。他見陳爲這次並沒被嚇跑,只是拿著份報告,耷拉著腦袋,如喪孝妣般站著不走。梁有才感到勝利者的快慰,便壓低嗓門說道:「明天打最後一場仗,完成一個漂亮的任務,後天就轉移。這總算可以了吧?」

對陳爲的專業知識,梁有才也不敢小看。所以陳爲走後,他立刻叫來正在五號井下領導開採的二工區長吳有信,問他有沒有發現五號井出現任何異常現象。吳有信是梁書記親信,當然回說沒有。梁書記再一次表揚他工作出色,而且提醒他不要被右派份子陳爲的危言嚇倒。最後他說:「你等著越級提拔爲副礦長吧!」

但是天不從人願。吳工區長已經等不到提拔了。

第二天,五號井的掘進工作進行到上午十一時左右,有人說發現採面有水滲出。不到五分鐘,滲出的水明顯加快加大。工區長吳有信立即下令停止掘進,指揮衆人動手拆卸發電機,並令已轉爲正式礦工的原勤雜人員鄭智,搭纜車上井向馮段長報告。「同時,」他說:「叫一個電機師傅來協助拆卸發電機,搶救出井!」

們已經下不去了。

當鄭智、馮段長、和一位電機師傅跑步來到五號井口時，發現井下已灌滿水，他

全礦大亂。馮段長知道井下還有七個人沒有上來，便一邊叫鄭智跑步去通知梁書記，一邊親自帶人去搬抽水機。

兩部抽水機同時緊張地抽著水。

馮新段長陰沉的臉，就像暴風雨前的天空。他問剛跑回來的鄭智：「爲甚麼已經見到有水流出，就只有你一個人跑了出來？」

「吳工區長叫我立即上井向你報告，同時去叫個電機師傅……」

「叫電機師傅做甚麼？」

「幫助拆卸發電機……工區長叫大家搶救國家財產……」

「發電機又不會淹死，抽乾了水再搬不遲，用得著搶救？」

「……」

陳爲、梁書記、幾個工區長、還有譚娟衛生員……都先後來到。

鎮衛生所的醫生護士，還有住在附近村莊的礦工家屬，也紛紛聞訊跑來。五號井口亂作一團。

下午一點半左右，抽上的水開始呈現黑色，說明井下積水不多了。

陳爲對工段長說了一句甚麼。工段長便招呼譚娟，還有另外好幾個人，一齊下井。

嘈雜的人群反而不吵了。大家都屏住呼吸，焦灼地等著。

第一個人抬出來了。

又一個……

跟著又一個……

……

抬出的人，多數背向上放在一塊木板或木桶上。有人用力按他背部、甚至站上去用腳踩，希望逼他吐出水來。

譚娟和另外兩個醫生護士，輪流用力爲溺者做人工呼吸。

全身都已冰涼，手腳也開始僵硬了。

家屬一片痛哭嚎啕，搶地呼天。

一直守在吳有信工區長身體旁邊的梁書記，臉色灰白，始終一句話也沒說。

傍晚，縣裏來人了，調查金沙煤礦這次嚴重的坍礦事件。

七口棺材，在人們面前示威似地抬了過去。

第四天，一張新佈告貼在礦長辦公室外的佈告欄裏：

「查本礦右派份子陳爲，一向反黨反社會主義。自從劃爲右派後，更處心積慮，尋找機會，破壞三面紅旗，企圖向黨、向人民報復。近來，對其負責的測量工作，消極怠工，以致發生五號井崩塌慘劇，致使第二工區長吳有信等七人壯烈犧牲。

「經上級批准，除對死難者家屬，給以優厚撫恤，及負責死難者未成年子女教育生活費，直至年滿十八歲外，對右派份子陳爲，特加重處分如下：

「工資待遇，再降三級，連前共降四級。自即日起，開除出礦，由民兵押赴農村進行勞動改造，以觀後效。」

陳爲頭腦裏一片空白。幾天來的憂急煩躁，反而消失得無影無蹤。「要來的終歸是要來的」，還是那句話。如今是又一次塵埃落定。

民兵鄭智，幫陳爲把胡亂裝滿的兩只箱子，放上礦裏一部拖拉機，便和另外一個民兵，持槍「押解」著陳爲，去到二十華里外一處叫「下塘」的大村莊。

17 乾淨的農村

鄭智等二人按照縣委的指示，將陳爲帶到下塘生產隊長吳恆的家裏。

放下了箱子行李，鄭智向老吳隊長簡單交代了幾句，就走近陳爲輕聲說：「陳礦長，我們回去了。」鄭智眼圈有些發紅，但他仍繼續說：「老吳恆隊長，人很靠得住，也能幹。別的生產隊吃的已經很少了，老吳隊長不會讓你挨餓的。你在這裏比留在礦上好受得多。有甚麼不明白的，問老隊長就可以了。」

這種推心置腹的話，在礦上是聽不到的。陳爲也覺得眼圈有些熱乎乎的，便趕快點了點頭。

二人又坐拖拉機回礦了。

這是間土改時沒收分配的僑房，建築寬敞，結構堅實。當時能優先分到這類房屋的，肯定是出身歷史、各方面都十分單純清白的貧僱農頭，現在則是農村骨幹。吳恆隊長，就是這樣響噹噹的一位農村幹部。

可是屋裏面的傢俱，連犁耙簑衣等農具在內，也還是寥寥無幾，可以說是「一目了然」，跟這堂皇建築很不相稱。

一進門的那間小小的「廊」，應該算是全家活動的中心了。每天凌晨四點多鐘，主婦就要起床，在這裏開始一天的勞作。否則，別家婦女會恥笑妳整夜糾纏著丈夫，「搞到天亮都起不來」。剁豬菜、煮豬食、煮三餐，都在這間廊房裏。爲了不讓孩子吵著丈夫睡覺，她得一早就把孩子揹在背上操作。天亮前後，就要去村井挑水回家。起碼三擔水，才能挑滿一大水缸。這裏各家的大門檻，爲了防止戶外雨水、雜物、甚至小動物進屋，都有一尺來高，。所以農戶娶媳婦，就和買牛一樣，越高大的，要求的聘禮嫁妝越多。因爲身材矮小，挑著一擔約莫七十來斤重的兩桶水，就不容易跨過這大門檻了。

家裏有時人多，吃粥吃飯就得用「廳」里的一張舊八仙桌。人少時，才在這「廊」裏靠牆的一張小矮桌上吃。反正農戶生活簡單，平時桌上就擱著兩小碟自家醃製的鹹菜和一碗清水菜湯。那青菜也是在自家菜地摘來的。即使如此簡樸，這些擺在桌上的，也還是爲家裏男人和孩子們準備的。老少媳婦，則要等他們吃完才能「上桌」，一般就用筷子頭在碟裏點兩下，有些鹹味，就算是吃過菜了。所以統購統銷時，上級說他們「捨不得」賣糧，生活上是「大吃浪費」，目的是「走自發想當地主」，農民認爲是無論如何都無法接受的。

即使農閒期間，婦女都要求手腳片刻不停——除了坐下抽口「大碌竹」，大家公認是「合理合法」的活動。

早餐後，男人下地、孩子上學的時間，主婦就要挑一擔寶貝的人尿，到自留地爲自家的菜園子鋤草施肥，順便摘些菜幫子回來晚餐吃。晚間如果不開會，女人一般八點前後就睡了，以便節省燈油，第二天天亮前，就能起床開始勞作。至于甚麼叫「看電視」、甚麼叫「聽收音機」、「打電話」、「玩電腦」……都是聞所未聞、見所未見的，聽都聽不明白是指甚麼。千百年來，農民生活就是如此簡陋、如此枯燥無味。

農民生活，確實簡單得和祖先沒有多大差別。早上起來，從來不必爲「今天穿哪件衣服」傷腦筋。一兩套破舊的，是晚上「沖涼後」（粵語洗澡），替換著穿上睡覺，跟著第二天下田跟泥巴打交道的；另一套比較乾淨的，是去趕集或者走訪親戚，參加開會的。就這麼兩三套。一年三百六十五天，不必選擇，省了不少腦筋。

清晨起來，也不必爲刷牙洗臉、梳頭刮鬍子……浪費時間。愛乾淨的，就用瓜瓢舀些水，浸濕手指頭伸進嘴裏左右抹抹，就是刷牙了。如果你說這不夠衛生，他會說：「毛主席他老人家都說不用刷牙，牙齒黑黜黜的也還是國家主席。連那麼値錢的牛，不是也不用刷牙，也能耕一輩子田嗎？」

的確是。合作化前，全家最値錢、最受敬重愛護的，就是那頭牛。一頭牛就是一部不用燃油的小型拖拉機。値多少錢？如果當時幹部每月平均工資人民幣七、八十元，一頭黃牛就要他半年的工資；水牛大概要加倍，每頭千元上下。

你說現在香港不但有「流浪狗」，還有「流浪牛」。甚麼工都不必做，有吃不盡的草、喝不盡的水，成天到處遊蕩玩耍，爲甚麼沒人拉牠去耕田、死後還可剝牠的皮、吃牠的肉？

這就難說了。不同的時代，不同的環境，就連人也和其他動物一樣，是無法攀比的。俗話說：「同娘不同命，同爹不同病」。這世間一切大概就是如此有定數的。

老吳恆家裏那頭大水牛，就是最尊貴的一家之寶。酷暑嚴寒，得讓牠在「廳」裏過夜。陳爲剛搬來那個晚上，幾乎被這龐然大物嚇了一跳。夜深人靜，偶而從地鼻孔發出的「呼哧」響聲，尾巴驅趕蚊蠅時的拍擊聲，特別牠老人家靠著牆擦癢時的震動，對陳爲都是一種威懾力量。他想，這位牛大哥力大無比，還能如此溫馴地聽人使喚、任勞任怨地爲人服務。自己和牠相比，的確算得了甚麼？還有甚麼不服氣的？

老吳恆的大女兒十多年前出嫁了。這兩年亂哄哄的，不常回來。老二吳柏芝是兒子，成家後在鎮糧食站做勤雜。媳婦生育以後，也帶著小孫子搬到鎮上居住，有時在糧站的食堂裏幫幫忙，也不時買一點食品回來孝敬二老。聽老吳說，他老婆子近來有病臥床，連吃飯都很少出來。家中挑水煮飯等雜工，便由住在隔壁的侄子吳柏荃夫妻，在空閒時過來幫幫忙。

吳恆隊長看上去有五十開外了。依然腰板結實，目光炯炯。從他嘴角那兩條老好像在開玩笑似的皺紋，可以想像這是位心胸豁達、性格堅定、自信心很強的人。

礦上兩個民兵走後，吳恆帶著陳爲走進一間放置農具的房間，叫陳爲把箱子行李放在一張小桌旁，便指著牆角一張簡陋的木板床說，過去上頭派下來駐隊的幹部，都睡在這床上，現在也只好難爲你陳爲，委屈一下了。

陳爲聽後，羞澀地搖了搖頭。他並不覺得有甚麼「難爲」。只是房間裏那個臭氣熏天的尿缸，能不能讓它屈尊轉移別處？最好是搬到屋外。「因爲尿裏的氨分子，長時間吸到肺裏，十分不衛生；這種氣體能溶於水，首先使眼水變成氨水，刺激眼膜，對眼睛很有害。起碼，這氣味也讓人感覺很不愉快。」

可是，一向沉穩的陳爲，並沒有貿貿然提出這個建議。他找來一塊舊木板蓋在尿缸上面。過了不久，那難聞的氣味，果然沒有那麼強烈了。

後來，從鎮書店買回的「農業生產知識」小册子裏，陳爲才知道，「人尿」是比任何化學肥更好的「完全肥」。植物生長需要的氮、磷、鉀以及各種微量元素，無所不包。用尿淋過的菜，味道特別鮮嫩甜美。特別腐熟到呈黑色時，沒有了刺鼻的氨味，下到菜地裏，能立即被植物吸收。農民誇贊道：「分分鐘見到菜在長高」。通常一擔沒有摻水的純尿，可以換三擔大糞乾。怎樣知道尿有沒有摻水？農民說，可以嚐到的。可是怎樣嚐呀？「伸手指頭在尿裏，再放進嘴裏」，不就可以嚐到了嗎？

其實有人說，買賣雙方都在互相欺騙。插進尿裏一根手指，放進嘴裏是另一根手指，誰看得出？馬馬虎虎也就算了。

總之，農民的貧窮落後，很難盡說。一泡尿憋得再急，也要忍住回到家裏再屙。如果住在農民家裏，卻不見你在他家尿缸中屙尿，他會很不高興地問你：爲甚麼把尿屙在外面？遇到開會，農民也爭著挑尿桶到會場附近，希望有人來光顧。

如此寶貴的尿，如何敢放在屋外，任人來偷呢？陳爲終於明白了，才勉強接受和這個又髒又臭的寶貝爲伍。

可以說那時廣東農村，窮則窮矣，但比世界上很多城市，都講究清潔衛生，絕無隨處便溺的現象。就連狗屎牛糞，都隨時被人撿起放進手頭任何一件籃筐裏，帶回家倒進自家的糞池。黃牛糞成形，容易撿走；水牛糞一大堆，見到也如獲至寶。因爲牛屙出不久，表面水分便被日曬和泥土吸收得半乾，可以整堆捧回家去。爲了爭撿這些「野糞」，時有糾紛，有的地方便不得不規定向隊裏投標，中標者才有資格撿糞。其他人撿糞被發現，則當「偷糞」論處。

不要說可以做肥的屎屎尿尿無人丟棄，就連「垃圾」都見不到。農民根本不知「垃圾」爲何物。難得一見的瓶瓶罐罐，洗乾淨還不夠自家裝各種種籽、或油鹽醬醋等食物佐料，哪有得給別人？甚麼舊釘子、爛木板，要留著修修補補，怎可以丟掉？就連包過東西的那幾張發黃的舊書頁、舊報紙，都要抹平留著再包東西，哪有得丟掉？削竹子剩下的竹屑木碎，留著引火煮飯都不夠，秋冬還要孩子出去，用光著腳板的腳趾，把從樹上掉下來的殘枝落葉夾起撿回來燒火，怎麼是「垃圾」？舊報紙可以擦屁股？哪來這多舊報紙？一卷卷的衛生紙？沒見過這玩藝兒！用甚麼擦屁股？你不見去屙屎的手裏都捏著三幾根竹篾芯嗎？削竹皮編織用具，剝剩下的竹篾芯，撅成筷子般長短，就是屙屎後用的了。當然不是「擦」，而是「刮」，「刮乾淨屎眼」。總比有些土人蹲下就屙，屙完站起就走，乾淨多了。

破舊衣服？補了又補，叫「百衲衣」，穿著還可以「避邪」，爲甚麼要丟掉？一九六幾年，連城裏人都只發每人每年一尺三寸布票，買來做補衣服的補綻用。破衣服可以撕做小孩尿布，或者婦女經期、產期用，再不就做抹布，也沒有當垃圾丟掉的道理。

只有菜地和廚房裏的頭頭尾尾沒用。但也不是當垃圾丟掉，而是倒進「化糞池」漚肥，也還得利用。後來有人發明了「沼氣池」發電，說發出的電起碼能點燈，比油燈亮而且省了油錢。可是建沼氣池得花錢買石灰，和一些發電的裝置。弄不好還會中沼氣毒死人。這樣一來，這科學的玩藝兒也就很難普遍推行了。

不管怎麼說，農村都沒有「垃圾無處倒」的甚麼「環保」問題。沒有垃圾，連老鼠蟑螂，都沒有了可食之物和藏身之處。偶而見到有隻蟑螂跑過，女人就要千方百計把它抓到，去翅撅腿，在油燈上烤熟餵給孩子吃。哪像在文明地方，一隻蟑螂剛一出現，就嚇得全屋女人都驚慌逃跑那般威風？一切回歸大自然，既沒「污染」，又不「暴殄天物」。老天爺應該特別憐憫眷顧、給農民好報應了。

可是，農民世世代代，老是得在死亡邊緣掙扎，似乎永無改善之日。當時唯一能「撥開雲霧見青天」的，只有兩條途徑。一個就是要求全家長期節衣縮食，集中財力，供給其中一個孩子升學讀書。如果這孩子一旦超過了千萬學子，拔尖考進了大學，而且堅持讀到大學畢業、分配了「工作崗位」，那他就從此改變了「農業人口」的新階級屬性，成了飛上枝頭的鳳凰，成了統治階級「非農業人口」中的一員。全家也將因他階級成份的改變而改善生活質素。

另一條途徑，就是其中有個出落得標緻的女兒，有幸嫁到城市高幹或富豪家庭，而且把人際關係處理得有利於自己。她在農村的家人，就會因她而得福。

此外，就難說了。大多數人就像農奴一般，世世代代被綁死在這塊黃土地上。

18 「木頭」

陳爲從終日緊張紛擾的煤礦乍來到農村，確實覺得單調、簡陋、寂寞得很不習慣。

坐在小桌旁，他開始靜靜思考。如今被「貶」到農村，離開了一個爭權奪利的是非之地，對於像他這樣出身的人，未必不是一件好事。

回憶前段身爲右派礦長的日子，即使走路，都不自在：抬著頭和工人打招呼不是，低著頭不打招呼也不是；接近領導、經常請示報告不是，不接近領導、疏于請示報告更不是。現在吃的住的是差了，但在煤礦，有得吃，吃得香嗎？有床睡，睡得著嗎？

總結自己這三十年，雖出身商人家庭，但多數時間是在學校、在部隊，哪有享受過商家的生活？離開部隊又當工人，現在又下鄉務農。眞是工、農、兵、學、商，樣樣幹過了。自己想想，也覺得挺滑稽可笑。

老吳隊長後來告訴陳爲，他之所以被分配到下塘村來勞動改造，固然也是因爲老吳恆出身硬，不怕立場出問題；但主要還是因爲煤礦梁有才書記，到縣委訴苦的結果。

聽說自從礦裏出了事，梁有才就一直沒睡好覺。夜裏連廁所都不敢去。他到縣委說，他老梁不是領導工礦生產的材料，要求調職。特別煤礦依靠的技術力量，是個正在改造的右派份子。聽從他的意見嘛，怕說自己立場有問題；不聽他的意見嘛，出了事故誰負責？他老梁性格上又愛講笑。自從陳爲劃做右派後，講話就總要看看有沒有這個人在場。有他在場嘛，就總得板起個面孔，把臉拉得老長老長。他老梁實在是受不了啦！

縣委見他態度堅決，只好答應先將陳爲調到農村勞改，同時再向省裏商調一名技術人員。至於他老梁的調動問題，則等待向上級反映後，由上級決定。

滿腦子的方位、距離、角度……現在都用不上了。陳爲困惑地問道：「我在農村能做甚麼？」

「做甚麼？」老吳隊長半笑著說：「照那些文明人的講法：就是跟著我去『修理地球』！我們農民世世代代在田裏，像牛一樣幹活，沒吃少穿，不也活得挺結實、挺快活？你以爲我不知道你們礦，最近出的事嗎？你當的那個屌礦長有甚麼神氣？好事輪不到你，出了事就往你身上推。怕你向上頭說出事情眞相，才把你弄到農村來！你有幾個腦袋替別人頂罪？我看你也二十好幾了？」

老吳恆瞟了一眼低著頭的陳爲。

陳爲難爲情地承認：「快三十了。」

「是呀，」老吳恆繼續說：「你以爲自己還小嗎？都三十了，還是光棍一條！我們農民苦是苦，可好處是能朝見妻兒、晚見父母。你陳爲一肚子委曲，能對誰說？」

雖說是遭老隊長數落了一頓，但陳爲聽到的是句句同情的知心話，就像面對著父母親一樣，他感到的是憐愛、是同情、是溫暖。

只有一點令他惶惑不解。就是無論去到哪裏，都被人認爲是「知識份子」。在那個時代，「知識份子」這頂「桂冠」，比被人罵作「白癡」、「野種」更令人難堪。

其實，是不是知識份子，他自己也弄不清楚。只有一點，他連自己都隱瞞不了。那就是無論做甚麼，他都不以聽別人說說爲滿足。他一定要找出個理論根據。也就是當時被戲謔譏諷爲處處「引經據典」的「老學究」。他認爲「經」、「典」既是前人反覆總結出來的經驗之談，能引出來爲現實服務，有甚麼不對？難道只有離「經」叛「道」、「懷疑一切」、「否定一切」才是正確的？

他也想到，這可能和自己的學生出身有關。六年「正氣中學」的教育，使自己從小養成了「理論」與「實驗」並重的做人態度。即使現在，他都不認爲有甚麼錯誤。有文化的比較重理論，沒文化的當然只有重經驗了。

第二天天剛亮，吳恆隊長就起床了，一如往常。

農民生活，確實就和家中擺設一樣簡單。下床後從不需要考慮今天穿哪件衣服，或者去哪裏有甚麼應酬。從來不需要花時間在梳洗打扮上。吳隊長習慣地拿起那支「大碌竹」水煙筒，到門口望了望天色，然後坐在一張小板凳上，安閒地吸上幾口，同時考慮今天要做甚麼工。

他跟著去叫醒了陳爲，跟隨自己下田。

陳爲一夜沒睡好。現在兩眼惺忪，好一陣子才弄明白是在甚麼地方。

他穿著整齊走出來時，老隊長上下看了他一眼，說：「你如今不是在礦裏了，又不是要去開甚麼會。你穿鞋著襪，做甚麼呀？」

他望著陳爲的一臉迷惘，跟著說：「上級叫你來下塘，說句不好聽的，就是要你來『勞動改造』，要你學我們種田佬那樣，臉朝黃土背朝天，下田去做苦工。」

老吳隊長臉上那兩條輕蔑的笑紋又出來了：「我們黨口頭上是說『勞動光榮』。可是處分人的時候，就是判他去『勞改』，去『勞動改造』。要用槍指著他去『光榮』！他們那些坐在大機關裏享福的大幹部們，就一點也不想去光榮。多會糊弄人！倒是從一開始，就說我們農民是國家的「基礎」，是墊在他們腳下的奴才，誰都要站在我們頭上，才能爬上去！」

他順手抓起一支「大碌竹」，皺著眉坐下，狠命吸了兩口煙，跟著說：「田裏不是泥就是水。連田埂都不是石灰砌的，還坑坑窪窪。你穿鞋的腳一踩進田泥裏，拔出來的就只剩下一雙腳，鞋陷在泥裏准備漚肥吧！」他跟著憤怒地說：「三九寒冬，我們耕田佬也沒有一雙鞋穿過。可還是說我們『大吃浪費』，自發想當地主！」

陳爲滿臉慚愧。沒等老吳隊長說完，就忙不迭把鞋襪脫下，扔到一邊。

可是，光著的腳踩在地上，不但硌得難受，而且站在老吳恆那雙粗糙黝黑、五趾叉開的大腳板旁邊，他那雙皮白肉嫩、五趾檳攏的一雙腳，簡直不像樣子。

「這也能叫『腳』！」陳爲懊惱地想。「事物確實是相對的。職位高低固然是相對的；所謂美、醜，原來也是相對的。」他眞想找點煤灰，或者泥巴之類的甚麼東西塗在腳上來遮羞。可是老吳隊長根本沒有注意到他那雙尊足。在他能找到任何東西之前，老吳恆已經拿起一把鋤頭走到門口了。

他回頭見到陳爲，也已經把另一把鋤頭扛在肩膀上，正在走出來時，隱藏不住滿臉贊賞，拍拍陳爲肩膀：「行，好小子！」

陳爲下鄉「勞動改造」的第一個動作，就得到了認可。

老吳恆笑著對陳爲說了一個最近聽來的故事。說廣州有個外號「木頭」（秦牧）的大右派，原來還是個專爲農民鳴不平的大作家。下到農村勞動改造的頭一天，那家主婦遞給他一個小竹籃。說那天去勞動的地段比較遠，不能回來吃午飯，這小籃子裏裝的就是他「木頭」的午餐了。

「木頭」「哦，哦」了兩聲，提起籃子就往門口走。

當時有不少農民，慕名前來看望作家協會的「秦副主席」下鄉勞動。有人問他準備去哪裏，「木頭」答道：「下田」。

「下田做甚麼？」

「勞動改造。」他邊說邊提著籃子走出了門口。

有個婦女忍不住揪住了他，把他又拉了回來，問他道：「怎麼勞動改造呀？」

秦主席想了一下，答道：「做工嘛。」

衆人哈哈大笑道：「到底是位主席。」

有位老農不忍見到爲他們說話的秦牧受到難爲，上前排解道：「我們做工，不用你去陪著。你說你是去做工，你怎麼做工呀？不拿一把鋤頭，見到要做的工，蹲下用手指頭摳嗎？」說著遞了一把鋤頭給秦牧。

秦牧忙將手中籃子放在地上，接過了鋤頭，照別人樣子扛在肩上，又一次朝門口走去。

那家主婦趕上來說道：「秦主席，你忘了拿午餐了！」邊說邊從地上拿起那個小竹籃，遞給秦牧。

秦牧沒接籃子，說：「我沒有手拿了。」

旁邊人問道：「你的手呢？」

「要抓住鋤柄。」

衆人七嘴八舌笑著說道：「鋤頭又跑不了，用得著你抓住嗎？」

那家主婦抬高秦牧手中的鋤柄，剛將小籃掛在柄上，就聽他叫道：「嗳，慢著！妳先取下來！」他跟著把鋤頭倒轉來扛在肩上，認眞地說：「鋤柄滑溜溜，籃子會掉下來的。現在妳掛上，這頭有鋤頭攔住，就掉不下來了。」

衆人這才恍然大悟，笑得前仰後合，吵道：「你這樣托著把鋤頭，籃子倒是不會掉下來了。可是走不到田裏，你就先累死了。」「你管住前頭的籃子，可後頭這一大截鋤柄，就像沖天炮一樣，你不怕杵瞎別人的眼睛嗎？」

那老農又幫秦牧把鋤頭掉轉過來，爲他掛上籃子，教他用握鋤柄的手指，同時管住籃子提把。同時嘆氣道：「寫文章的要下地耕田，種田的反而坐辦公桌瞎比劃……」

幾個年輕的這時笑著開口問秦牧：「你的文章寫得眞是好，句句講出了我們耕田佬的心裏話。可你做工，怎麼這麼蠢呀？」

秦「木頭」搭訕著邊走邊說道：「一回生，二回熟。隔行如隔山嘛！」

陳爲聽老隊長說得如此生動有趣，也不禁感嘆地笑了起來。

老吳恆想道：聽說這小子在礦裏，幾年都沒笑過。這不是一來就笑了嗎？

19 一大塊燒豬肉

公社大飯堂接連解體後，各戶社員只好到集市上買回鍋、鑵、盆、碗等用具在家重新開火煮食。但多數農家存糧已十分有限。一個多月後，不少農戶相繼斷炊。

即使每人每月有三、四十斤糧食供應的工礦單位，因爲沒有了任何肉類蔬菜，工人走起路來都搖搖晃晃。開工時，積極的有氣無力地應付；消極的只有坐在一邊閒聊：

「回家？回家做甚麼？和老婆孩子搶飯吃？……幾個禮拜都沒回過家了！」

「不想『搞』？不想搞甚麼？不說老婆那個乾巴巴地；就連自己的那條，也縮得像個橄欖核。哪還有力氣搞？」

「連腸子裏都長了青苔了，還說那條？」

「現在倒好，不用進行『計劃生育』了。走過幾條村，都見不到一個大肚子的。」

說不清是病死的、還是餓死的。天天見到有人抬著草草釘就的「四塊板」棺材上山埋葬，也再沒有跟著甚麼吹打嚎哭送殯的。近來，死人已不是甚麼新鮮事；何況活人也因飢餓，連送葬都力有未逮，只好越簡單越好。很多是找已起出骸骨、重裝入瓷罋收藏的廢穴，草草掩埋了事。有些因蓋土太淺，被餓壞了的野狗搶著刨了出來。殘肢斷體，被拖得周圍都是。

一九六一年，連城鎮醫院都反映：「水腫」患者與日俱增。症狀是遠離心臟的部位——面部和手腳，浮腫範圍擴大，嚴重的呈半透明狀態，倦怠嗜睡。中、西醫所開處方也大致相同：藥袋中有糯米、花生、紅棗等等和一小包維他命藥丸。

可是散處各地的農村，遠離醫療部門；而且農民看病沒有公費待遇，得交相對昂貴的掛號費和藥費，問題就嚴重了。那時農民即使有大病，都去不起醫院；小病就就近買些膏丹丸散之類的成藥，在床上躺兩天就趕快下田了。這餓病當然不被人們視爲眞病，因爲不痛不癢，只想躺著睡覺，就像得了懶病一樣。衛生院的醫生說，長期沒有食物進到腸胃裏，身體就本能地將肌肉又復原成營養液狀態，供應身體各器官機能，生理活動的需要，開始出現消瘦。消瘦到一定程度，遠離中心的手指腳趾，因長期得不到營養，由半透明而萎縮、壞死、逐節脫落。最後全身機能停止活動。所以餓死的人沒有痛苦、沒有呻吟，眞可謂「物化」了。當時都被戶口部門蓋個印章，註銷爲「自然減員」。沒有一個是「餓死」的。

陳爲還算運氣好。正如送他來下塘村的民兵鄭智所說：老吳恆隊長家裏，還多少有幾斤糧食。加上陳爲帶下鄉的每月卅斤糧票，每餐還有大半斤米下鍋，煮成稀粥，供陳爲和吳恆老兩口食用。事實上，老吳隊長的老伴吃得很少。不久後簡直是顆粒不進了。

一天夜裏，這位苦命的老人油盡燈枯，靜靜地過去了。

第二天一早，老吳恆的兒子柏芝夫妻，女兒女婿，都從鎮上趕了回來，和住在隔壁的叔伯兄弟柏荃一道，草草釘就一口薄木，爲母親入了殮。衆人簡單地祭拜過後，便由他兄弟二人抬著棺木，送老人上山了。

因爲柏芝、柏荃的媳婦，還有大姑子，都背著孩子，陳爲便幫忙扛著挖地用的鋤頭和鎬，和老吳隊長跟在後面，送老人最後一程。

送殯回來，媳婦按農村送葬後的慣例，煮了一頓比較乾的「硬飯」（廣東農村稱喪飯。所以一般避忌說硬飯，只能說「好飯」）。八仙桌上，除了平時那三小碟：一碟一寸來長的小鹹魚，一碟比鬍子碴粗不了多少的小鹹蝦末，還有一碟醃橄欖，和一碗從自留菜地裏摘回的青菜幫子湯之外，今天特別多了一碗白水煮豬肉，是媳婦從鎮上買回來的。大大小小十一口人，剛好每人兩小塊。媳婦說吃不下，夾了一塊給公公，另一塊給了丈夫柏芝。

雖說少到僅夠塞滿牙縫，可陳爲吃起來可香了。嚼來嚼去，怎麼也捨不得嚥下去。就算忍不住，嚥到了嗓子，還要再反回嘴裏，再享受一番。柏芝對兒子開玩笑道：「小心點，不要連舌頭都呑下去！」

那天晚上躺在床上，陳爲翻來覆去，思潮起伏。他不禁回憶起幾年前，有一次春節礦上加菜，廚房特爲「無家可回」的陳礦長，燒了一小鍋「蠔豉炆（紅燒）豬肉」。可是那時，自己竟愚蠢到連嚐都不曾嚐一口，就讓人端走了。怪不得城裏人嘲笑來探親的鄉下親戚：「一頓吃幾大碗飯」，自己卻連一碗都吃不完。現在想想，眞是懊悔。如果是現在，起碼吃它個鍋底朝天，還要將四周都舔個乾乾淨淨，不必麻煩人洗。

他想，同是一個陳爲，怎麼前後竟如此不同呢？

過去無論是在部隊裏還是在煤礦，雖然也不是整天無事閒坐著，但按時進餐，非魚則肉；各種菜蔬，各種維他命沒有缺乏。在這種正常情況下，自己雖然沒有過飽過胖，但也不致飢餓消瘦。更從來不會有搶「飯」吃的現象發生。

如今身在農村。且不說幹的都是「力氣活」；光說每天走路，就不知要走多少公里。可是，有甚麼補充呢？那鍋稀粥清得可以照見人影。按照西方營養學的講法，有效營養幾近於零。可是農民服侍的，就是這些「汗滴禾下土」的稻米呀！過去說被地主剝削了，但畢竟有限。如今倒是從地主剝削中「解放」出來了，但被政府限價徵購去的，卻接近全部！你說這「農民」當不得，不如到城市去「討飯」、或「棄農」轉行吧！可是條條路被封得死死。沒有糧票和蓋著印章的「購糧簿」，沒等你出到城市就已經餓死了。你說如果不甘心在農村等著餓斃，去偷去搶吧！可手無寸鐵，肯定被捉；毆打侮辱一番後拉去槍斃，還禍及家人！——眞想不到有甚麼出路。

你說，就像某皇帝說的：「沒有飯吃，爲甚麼不吃肉包子呢？」

你看桌上這三碟小菜：臭蝦米爛魚，就算原來還有點營養，可是如同另一碟鹹橄欖一樣，怕存放時間長會霉爛，便腌得鹹鹹的，結果甚麼營養也沒有了。

沒有營養，只要能下稀飯倒也罷了。廣東人說的「菜」，是僅僅指「蔬菜」。肉類稱之爲「餚」，挺文雅的。一般下飯的，則統稱之爲「送」，書寫時加個「食」字旁。意思是「送飯下肚」的。那麼農民的「送」，就是這幾小碟臭蝦米小魚了。如果好像在城市那樣，「鹹蝦」裏放些葱、薑、油，有人認爲味道也蠻不錯。可是在當時農村，哪有那許多油水？一般比較講究的，就只在煮好一鍋青菜湯時，拿小油瓶在湯面迅速劃一個圈，大概有三幾滴滴了下來，農民說法是：「這是告訴它已經下過油了」，不可再轉化爲有害的亞硝酸鹽的爛黃色。至於這幾小碟「鹹送」，本來就要有點「鹹腥」之味，才能說明與單純的「鹽」不同。當地將鹽都稱爲「上味」，這有鹹腥味的當稱之爲「上上味」了，還何需油水「去除」腥味？

人類本來是最高級的靈長類食肉動物。可二十世紀的中國農民，竟退化到無肉可食。陳爲怎麼也想不通箇中道理。

他餓著肚子，怎麼也睡不著。後來迷迷糊糊，想著去逛逛市場。

市場裏人倒不少，可是陰暗骯髒，絲毫不能給人好感。倒是有家位置較高的賣熟食攤檔，裏面掛著大條大條的燒豬肉，似乎生意不錯。

陳爲見那肉皮燒得金黃油亮的大條燒豬肉，肥瘦適度，香氣四溢，只覺饞涎欲滴。可是等了半晌，也不見檔主回來。

他實在餓不過，便伸手取了一條下來，拿著就走。

還沒走出幾步，就聽到檔主在後面大聲叫嚷，說那燒肉是「陳列品」，不是賣的，叫陳爲拿回去。陳爲想想，自己一口還沒吃到，實在一點也不想交回去，決定一邊跑一邊盡快咬上幾大口，就算被搶回去也不冤。誰知怎麼努力也吃不到嘴裏。那檔主邊追邊罵，說你陳爲不好好改造，還來偷豬肉，要捉你回煤礦鬥爭，鬥完槍斃。陳爲一害怕，整條燒肉從手裏掉到了地上。來不及撿起，就被當場捉住。

他跟著一大隊拉去槍斃的人，無奈地走在一條曲折蜿延的山坡小路上。心中還在懊惱沒撿回那條燒肉，沒狠狠吃上幾口就被槍斃了。他也和其他人一樣，糊里糊塗，弄不清自己究竟是爲了甚麼、和如何被判處槍決的。一路情景雖然悽愴，但心中並不感到甚麼對「生」的依戀，或對「死」的畏懼。

在這生命的最後時刻，令他難以釋懷的最大遺憾，就是沒能把那塊豬肉，狠命吞進肚子裏。其實，只要讓他滿足一下在大口咀嚼和嚥下時的那種快感，他大概就能死而無憾了。

人多走不快，而且越走人越少，也始終見不到有甚麼人來管理或執行槍決。陳爲便像其他人那樣，靜靜離隊溜走了。

原來前邊沒有路了。疏落的房舍，也只剩下殘垣斷壁，而且是浸在大水中。

陳爲隨著幾個人，淌水前行，到了大河邊。他見到近岸處漂浮著一塊好像寺廟裏跪拜用的蒲團般東西，便一躍跳了上去。

大河波濤翻滾，他卻能安穩地站在蒲團上不停沖浪向前。遠處隱約有隻渡船。幾經掙扎，陳爲終於爬了上去。他感到又累又餓。同船人問他去哪裏，他也說不上來，終於又跟隨衆人上了岸。

走了不遠，見到有一破屋。陳爲推開半掩的木門走了進去。

屋中黑暗破敗，到處蛛網塵封，似乎很久無人居住了。他打了一個寒顫，正想掉頭走出來，忽聽木門「咯吱」一聲關上了。陳爲大驚，連聲大呼老隊長……

老吳隊長走到陳爲床前，推醒了他，問他發生了甚麼事，還是做了甚麼噩夢？陳爲無心訴說夢中苦難。令他難以忘懷的，就是那塊掉在地上的大條燒豬肉。眼睛還沒完全睜開，他霍然翻身下床，貓著腰仔細在地上尋找。

老吳恆問他不見了甚麼？

「豬肉。一大條燒豬肉。我一口還沒吃過。」

聽說不見了一大塊燒豬肉，老吳恆也趕緊點著油燈，幫忙尋找。室內雖非空無一物，但寥寥幾件農具，連老鼠都找不到藏身之處。

「我看你準是又累又餓，做了噩夢。」老吳恆判斷說：「哪來的甚麼燒豬肉，還是大塊的？」跟著，他有些心疼地說：「喝口水，再睡一會吧。」

此後一連幾天，陳爲都爲沒能吃上那幾口燒豬肉，耿耿於懷。

20 痛與苦

那天送吳隊長老伴「上山」（廣東農村特指送葬）時，忙亂中陳爲忘了像其他人那樣，穿上雙鞋。行走在山路上，原來不同於農田。不經意腳板心被一塊尖利的山石硌了一下。當時陳爲沒注意。不料幾天後，傷處開始紅腫疼痛，竟發展到無法踩下地。老隊長見他走路時一瘸一拐的，忙查看他的傷口，懷疑可能是患了「穿盤」，一種相當麻煩的外傷。

老吳恆拿著陳爲的糧簿，到鎮糧站買米，順便告訴了兒子柏芝有關陳爲腳傷的問題。吳柏芝向糧站借了一輛腳踏車，一方面送父親回村，另方面接陳爲到鎮衛生所檢查。

外科醫生檢查結果，認爲患處嚴重發炎，底面腫脹，必須手術開刀。

老吳恆父子商量：陳爲雖然有「公費醫療」，即使住院都不需花錢。但鎮衛生所根本沒有住院設備；而且患處尚未成熟，勉強開刀必然十分痛苦；開刀後需要天天換藥，來回又得有人推大板車或腳踏車送他。父子二人都沒有這個時間或條件。這個辦法根本行不通。

柏芝告訴父親，恩明城裏倒是有一位譚姓祖傳外科名中醫，原是縣中醫院副院長。

甚麼「跌打損傷」、「無名腫毒」都是藥到病除，有口皆碑。可惜前些時不知為了甚麼，被劃為右派，現在在家停職寫檢查，本人也拒絕再出行醫。如果現在去找這個醫生，不知政治上合不合適。

老吳恆一聽，忍不住瞪著眼睛說：「甚麼政治上？甚麼合不合適？現在問題不是我們願不願去找他，而是人家肯不肯為你醫！為甚麼叫『求』醫？求醫生來治病呀！」

老吳恆堅定地叫兒子柏芝，即刻和自己一同搭車出恩城，找到譚副院長住家門口，便叩門求見。

那譚副院長清瘦的面頰上，兩眼睿智明亮。灰白的頭髮，就跟身上那套土黃色中山裝那樣，顯得特別拘謹。他極少開口說話，目光也避免和對方接觸，臉上更沒有任何表情。

老吳恆懇切提出請求。說那陳為原是某礦礦長，劃為右派後，被送到他家勞動改造。現在不慎弄傷了腳，腫痛得踩不下地，特地來懇求譚醫生，允許自己明天用手推車送他來醫治，所需費用，保證按數交夠，等等。

「陳為礦長？」譚醫生聲音低得像是自言自語，沒有表情的臉上，似乎閃過了一絲亮光。

他簡要詢問了幾個有關陳為傷勢的問題，便站起身說，陳礦長腳傷，不適宜來回折騰。但今天天色已晚，如果明天上午，去他家為傷者檢查，不知方不方便。

老吳恆絕對估計不到，譚醫師答應得如此爽快，如此迅速；而且不嫌麻煩，要親自登門送醫，竟感動得一時說不出話來。

他們最後約定了第二天上午十點左右，二人在沙河車站見面。

老吳恆回到家裏，怕陳爲囉嗦，對已經成功求醫一事，隻字不提。第二天上午，譚副院長提著醫療箱，準時到達了沙河車站。他隨即跟著來接他的老吳恆，走到下塘村。

老吳恆向陳爲介紹了縣中醫院的譚副院長，同時也沒忘記加上那句：「譚院長親自從縣裏來給你治腳，你可眞得好好改造。」他不說還好；既說出來，反而弄得正在打開醫療箱的譚醫師，滿臉的不自然。

譚醫師很快控制了自己。他冷靜銳利的目光，迅速望了陳爲一眼後，就明顯變得溫和了。

根據檢查，陳爲的腳傷確實是「穿盤」，也即是當地人稱之爲「上穿下穿」的惡性外傷。

譚醫師開始用酒精輕輕爲患處消毒，然後取出一支比牙籤還短的細棍，摸準了患處，便蹲在陳爲面前說：「陳礦長，這是腐蝕性很強的砒霜藥劑。我小心順著受傷的脈路扎進去，你就不會覺得疼痛的。它扎穿腳板，能使傷處快些腐爛化膿，讓膿血順著藥籤通路流出來，之後紅腫疼痛才會慢慢消失……」

沒等譚院長說完，陳爲忽地把腿縮回，痛苦地哀求道：「院長，我摸摸都疼。你這小棍要扎穿我的腳板，我能不疼死嗎？……」

老隊長著急，一下按住陳爲縮回的腿，望著他的滿臉惶惶，粗魯地說：「你這二球怎麼啦？還說當過兵、打過仗？」他跟著說：「你不知哪輩子燒的高香，才得譚院長親自來給你治療！你不想以後鋸腿，變成瘸子吧？」

他說著，堅定地一手捂住陳爲的雙眼，另一隻手緊緊摟住他的肩膀：「院長，別聽他的，開始吧！」

蹲在陳爲腳前的譚院長，輕輕摸準了原始創口的準確位置，就毫不猶疑地將砒霜藥棒刺了進去。見陳爲沒有甚麼抗拒，他便專注地邊尋找發炎的脈路，邊擰著小棒向縱深推進，直到感覺到不再能輕易前進了，才把剩下的一小段剪掉。

「不比你原來更疼吧？」他邊輕聲詢問，邊站起身從藥箱拿出一卷紗布，纏住傷口。

「大概不到兩天，傷口濃血就會開始流出。暫時不能敷藥，裏面膿血才能全部順暢流出來。我纏這紗布，只是爲了不讓你弄髒被褥。」

他跟著轉身對老隊長說：「兩天後我再來給他換藥。你不用到車站接我了。這裏是些消炎化膿、止痛藥和維他命丸，叫他按時吃。也不用怎麼忌口。」他朝門口走了兩步，又回頭凝重地說：「他暫時不能去勞動，盡量讓他休息、睡覺。」

老隊長已感動得熱淚盈眶。聽醫生如此說，更惶恐地急忙應道：「不勞動，不能勞動……」

之後每隔兩天，譚院長都來一次，前後共來過四次。

隨著大量膿血流了出來，陳爲的確感覺輕鬆多了。譚醫師開始用和好的生草藥，敷在患處底面，外面纏著蕉葉和紗布。

第四次揭掉生草藥敷料時，可以看出腳背已由腫得發光，變爲起了皺皮，證明腫已退得七七八八了。譚醫生便留了一些內服消炎藥片、生草敷料以及藥棉紗布之類，交代老隊長如何和藥及包紮，說：「暫時不能讓它埋口（廣東話愈合），好讓膿血全部流清，才會完全消腫，以後才能完全復原。」

他跟著握住陳爲的手，微笑著說：「最多後天，你就可以下地走動了。即使還有一些痛感，都要早期活動，盡早全腳踩下地，傷口才會愈合良好，以後走路才能正常。」

他又轉身對老隊長說，陳爲很快就可以開始走動了。「注意他走路時，不可因疼痛遷就那隻腳。否則習慣了，以後成了瘸子，」譚院長笑著說：「就眞娶不到媳婦了。」

送走了譚院長回來，老吳恆心想：院長說不用「忌口」。其實，家裏一點油腥都沒有了，哪裏還有甚麼好忌的？腳沒傷的時候，整天都在唸叨那塊丟了的豬肉。如今這麼一折騰，更傷了元氣，臉上一點血色都沒有了……老吳恆越想越心疼，越無奈。

21 本能

老吳兒子柏芝回家，見到陳爲腳傷已基本痊愈，固然欣喜；只是聽父親談到，因爲家中毫無營養，擔心他此後的恢復問題時，也頗感躊躇。他聯想起前些時死去的母親，當時也是說有病，不想吃東西。到後來竟臥床不起時，才知就是飢餓過度，可惜爲時已晚，回天乏術。柏芝懊惱地想到，既然自己在鎮糧站打雜，怎麼連家人還有餓死的？俗話說：「三年天旱，也餓不死伙頭婆」。自己多少總能想到一些辦法的。

本來南方特別廣東，一向只吃「大米」。現在因爲糧食短缺，再加上出口，供應上亂了套，其中百分之三十，要暫時轉爲麵粉。這就更使「老廣」叫苦連天了。

揉麵切麵條，不是人人都會；即使煮了出來，沒肉少油，也是人見人愁。集體飯堂大鍋煮出來的，怎樣分配才能一條不多、半條不少，更是傷腦筋。

最後多數單位決定，改爲吃饅頭。領導說，好處是能大小一致，按數分配，既比較簡單，又「基本上」合理。只要做到（和麵）盆裏、（揉麵）手上、（切饅頭）案板上「三乾淨」，就「基本上」沒有了浪費現象，點滴進肚，大家就沒有那麼多不滿意見了。

做麵食究竟不同於下米煮飯。工作量增加了，許多單位不得不臨時抽調人手，下廚幫忙。沙河鎮糧站，便指派忠厚老實的勤雜人員吳柏芝，去「支援」廚房和麵以及切麵團的工作。

看來再忠厚老實，也抵擋不住飢餓死亡的威脅。吳柏芝計算一下：一個饅頭一兩麵粉，切麵團時切小一丁點，大概二十分之一，只有半錢重，那麼二十個饅頭就能多出一個了。全站二十來人開飯，一頓多出五、六個完全沒有問題。事實上還不必扣那麼多。只要多出四個，一邊褲子口袋揣兩個帶回家，那就人不知、鬼不覺，準保沒問題。

起初吳柏芝還心慌手亂，老像就要出事。兩三天後，見甚麼問題也沒有，才比較放心。來吃飯的人有先有後。饅頭拿到手時，多半是皺皺眉頭，沒有興趣去理會個頭是大還是小。還有些人一見到饅頭就像見到了毒藥。一邊嘟囔著，一邊掰得亂七八糟，連一半都嚥不下去。

吳柏芝大為開心。他清理飯桌時，告訴站長，這些饅頭碎可以餵豬餵雞，不會浪費扔掉的。事實上，他去到豬圈後便快速揀出一些大塊的揣進褲袋。晚飯後，其他職工離開了，他也就安然回村，交給喜出望外的父親和陳爲。他二人也懂得把吃不完的切片曬乾，留到第二天食用。

可惜好景不長。由於廣東人怨聲載道，麵粉供應只繼續了一個多月，就又改爲全部供應大米了。

「饅頭機遇」雖僅持續了一個多月，但對掙扎在饑餓死亡邊緣，情同父子的吳恆和陳爲，確實可說是雪中送炭。

但是柏芝明白，長期缺肉少油，也不免影響陳爲傷後體力的恢復。如果是在過去，食堂多少有些剩菜，可以拿回家。可是現在，人人自己都不夠吃，飯後總是盤光碗淨，連幫糧站飼養的雞隻，都很難在地上找到可食之物。柏芝便想到那幾隻母雞，偶而也在無人去到的角落下幾個蛋。此後但凡見到，他都小心揣進褲袋，得便時帶回村裏，給家中兩人稍微增加點營養。

有一天站長問起，爲甚麼最近很少見到雞蛋。吳柏芝嘆了一口氣說道：如今取消了「雞糧」，桌上地上又都沒有飯粒可撿，雞沒餓死已經是命大了，哪裏還有蛋生？站長聽了，也無奈地點了點頭。

又有一次，吳柏芝負責飼養的母豬臨盆生產。站長交代柏芝，當晚不可回家休息，要守在旁邊做好接生工作。生下一個，用塊布擦乾淨一個，移走一個。

吳柏芝整晚守在母豬旁邊，不見甚麼動靜。心想自己也從未做過甚麼「接生」工作。只記得前次家裏那隻母貓，生出小貓後大家才知道。妻子還說：畜生比人還有靈性。爲了不讓別的動物知道牠正在生產，在牠毫無反抗力的時候跑來吃掉牠的後代，牠就能忍住生產時的痛苦，一聲不哼，並在小貓生下後即刻吃掉跟著出來的胎盤，還立即把小貓舐得乾乾淨淨，不讓任何血腥氣味散發開來。妻子說，沒睜眼的小貓知道母貓回窩了，就歡喜地叫個不停。可是母貓怕被敵人聽到，總是以一種恐怖的低聲，制止這種歡叫。他想，這是一切做母親的天性。爲甚麼母豬生產，就得有人守在旁邊，爲牠接生？

想著想著，柏芝不覺打起盹來。待他聽到母豬輕微發出的「嚕、嚕」聲時，睜眼一看，牠肚子前面有一堆粉紅色的甚麼在蠕動。定睛一看，這堆小怪物大概就是剛產下的小豬苗，好像有五、六隻。

吳柏芝記起站長的交代，想趕緊動手移開小豬苗。但當他剛剛捏起一隻如此軟綿綿、暖呼呼、不停蠕動的細小身軀時，竟嚇得「哇」的一叫鬆開了手。「太可怕了！」那小東西應聲掉了下來。這時母豬又「嚕、嚕」地翻身了。那肥大的身軀，剛好把那掉下的小豬苗壓在底下。

吳柏芝著急了。顧不得這些軟體動物的可怕，慌忙兩手一捧，把其餘的幾隻一齊捧出放到旁邊地上。然後用力推開母豬的大肚子，企圖救出被牠壓著的小豬。

小豬苗取出時，身軀拉得長長地，已經一動不動了。

更可怕的是，在母豬的背後，還有兩隻被壓扁了的小怪物。

柏芝叉著兩手，不知如何是好。他想，如果向站長坦白，能有甚麼好結果呢？不坦白吧，裝作沒事發生，現在三更半夜，也不會有人知道究竟生了幾隻、死了幾隻。少幾隻吃奶，其餘的或許還會快些長大……柏芝決定不動聲色，隻字不提。

雖說不提，但這三隻小怪物如何處理，才不致被人發現？

他忽然想起陳爲一直懊惱在夢中失掉了一條燒豬肉。便把那三隻死小豬，硬著頭皮揣進了褲袋，決定晚上回村，交給父親處理「加菜」。

沒開眼見過天日、沒吃過任何東西、身上又沒長毛的小動物，十分容易處理。既然陳爲不見了的是塊「燒」豬肉，家中又沒有甚麼佐料，就用鐵釬插著放在火上燒熟就成了。

果然燒過的小「乳豬」，香味四溢，害得老吳恆和陳爲饞涎直流。每人一隻半，不必推讓假客氣。陳爲每想到那大塊燒豬肉，沒吃到一口就不見了，就十分遺憾。於是這次不消三兩口，就迅速、乾淨、徹底吞進了肚子。

約模半個月後，沙河鎮郵局送來一張領取包裹通知單。寄件人在香港，收件人是「下塘大隊陳爲先生」。

有人寄包裹來，不管他怎麼稱呼，也不論是吃的還是穿的，在當時都是件天大喜事。

老吳恆考慮到，陳爲雖說已經可以慢慢行走，但目前要他來回走上十公里，想想還是捨不得。

他告訴陳爲，自己走到鎮上是易如反掌。回來時，兒子柏芝多數會騎腳踏車載送，沒有困難。「把你的轉業證交給我取包裹就成了。」

想不到回來的時候，老吳恆還是只好走路。因爲柏芝要用腳踏車，載著兩個大尼龍包裹。

雖說辛苦，大家心裏卻是空前興奮。

老吳恆捨不得拆爛尼龍包，便用剪刀小心拆線。一個包裹裝著的是一袋十公斤重的大米，和同等重量的一袋麵粉；另一個包裹則裝著一大袋白沙糖和一滿罐豬油。老吳恆父子樂得合不攏嘴。陳爲則坐在一旁，專注閱讀附在包裹的一封信：

「陳爲哥：

「三年多來，無時不在懷念著你。

「我現在多倫多大學農業經濟系，今年四年級了。一切還算順利。

「這幾年來，我和譚娟之間，沒有停止過通信。她告訴了我許多我想知道的事情，特別是有關你的。

「我覺得無論如何，離開了煤礦，對於你都是一件好事。每當我回憶起那個地方，就好像又走進了那黑黝黝的煤窿，陰森詭詐，像個佈滿了陷阱的無底深淵。

「譚娟說，礦裏許多人都和她一樣，原來對好幾件事都感到憤怒和無奈。但是時間久了，也就慢慢麻痹了。眞是可悲。

「最使我耽心的，就是你在農村勞動時的安全和營養。譚娟聽說你住在一位十分忠厚仁慈的伯伯家裏。但在一次勞動中不愼受了傷。她說，好在你們剛巧找到她爸爸去爲你治療。譚娟說，他爸爸和你同樣遭遇。

「據她爸爸說，你的腳傷已基本痊癒，現已無大礙。還誇贊你挺能同醫生合作，挺能忍受痛苦的。

「我相信她們說的。可是，你有忍受過比這外傷更大的、心靈上的痛苦嗎？

「譚娟原打算和縣衛生院一位林姓胸科醫生結婚。但根據政府規定，現在女方要年滿廿五歲，才給准婚證。所以她還得再等一年。

「考慮到你傷愈後沒有起碼的營養補充，媽媽和我都感到不安。

「這裏不少華僑，都通過住在香港的親戚郵寄食品回國，幫助家鄉親人度過飢荒。這確實是個好辦法。因爲寄再多的錢，也同樣買不到任何食物，等於廢紙一張。

「我的祖國，是個有名盛產稻米的農業大國。現在一方面「無償地」把穀米一船一船運出支援「第三世界」的「革命鬥爭」，另方面卻要從國外把大米一包一包的郵寄回來，解救親人燃眉之急。眞是不可思議。

「這些食物在香港購買是用不了多少錢的。現通過我在香港的一個親戚給你們寄去一批，希望能對你們有用。

「媽媽說，如果過些時情況仍沒有改善，我們將寄上第二批。」

落款處寫著：默默思念著你的　琴

根據老吳恆的觀察，陳爲在讀信後陷入了罕見的沉思。他一直站在大門口仰望天空，默默不語。

老吳恆沒去干擾他。

不過吳恆深信，像陳爲如此經過多年打擊，已經把自己緊緊包藏起來的人，是不會輕易有所表示的。他現在心裏肯定是又喜又悲，十分不好過。可是不論按人情還是按道理，收到包裹總是應該給個回信的。既然他剛才說，譚院長的女兒是這位姑娘的好友，不如過兩天自己借進城的機會，到譚院長家中走一趟。一方面感謝院長上次來治好了陳爲的腳傷，再就是拜託譚姑娘在回信時順便幫他們致謝，就說現在住處環境比較差，陳爲過些日子會給她寫回信的。

22 大自然的規律

一九六一年剛過了正月初十的一個黃昏，陳為正在鑽研那幾本農業知識叢書，聽見縣委生產辦公室，有個姓周的來找老吳恆隊長，詢問下塘生產隊春耕播種的情況。

「……現在家家戶戶都說沒有存糧了……」

很明顯，姓周的這小子怕碰釘子，便順著老吳恆的意思說：「光靠冬種這點番薯芋頭，就算社員能用來當口糧，可是公糧呢？購糧呢？不能也交番薯芋頭吧？上頭說，『十年旱，九年好』。說今年早稻，一定要在『雨水』前播下穀種，『春分』才有秧插，『夏至』就可以開鐮收割早熟，解決缺糧戶的口糧問題了。」

小周等了一下，聽不見老吳恆提出反對意見，便大膽接著說：「收割了早稻，就馬不停蹄，把晚稻插下去。連秧期，一造算足它一百二十天，總可以了吧？那麼過了秋分，就可以開鐮收割晚稻了。跟著又把冬種……」

沒等小周唸叨完，老吳恆就再也忍耐不住，霍地一聲站了起來，大聲叫道：「你以為我們種田，就像你們畫小人那樣嗎？喜歡畫幾個腦袋就幾個腦袋；喜歡畫一隻腿長在眼睛上就長在眼睛上……這種田得有一定的講究，就是你們挺會說的『按規律辦事』嘛！按甚麼規律？按自然規律！不是按他的『金口玉言』，喜歡甚麼時候插秧就甚麼時候插；喜歡一年收多少造就有多少造！」老吳恆越說越生氣：「『人定勝天』！他甚麼都能，就是勝不了天！天就是自然規律，他怎麼能勝？」。

老吳隊長一手抄起水煙筒，一屁股坐了下去，狠命地抽了一口又一口。

那小周是幹部子弟，學生出身，從小在城市長大，根本不清楚種田是怎麼回事。這次縣委既派他下來抓春耕生產進度，怎麼也沒料到這個倔老頭子會發這麼大脾氣。他記起了臨來時，縣委交代要「耐心教育農民」。便訥訥地說：「其實縣委是爲了爭取今年奪得三造豐收，才能彌補這兩年來的損失，才能實現大躍進……」

還沒說完，老吳恆就冷笑著裝糊塗道：「不是說年年大豐收嗎？怎麼還得彌補損失？彌補甚麼損失？」

小周忙道：「是指有的地方三年特大災害，還餓死了人。你們下塘一向生產搞得好，不是就沒有餓死一個人嗎？」

一句話，使老吳恆突然想起了餓死的苦命老伴，不禁悲從中來，冷冷地說：「你們吃皇糧的，全靠著一張能說的嘴。有幾個懂得耕田的？不論說得對不對，你們那鐵飯碗，也是十二級颱風都打不掉的。可是我們的飯碗在田裏，上無遮、下無擋。一個節骨眼上出錯，就可能顆粒無收。到那時，有誰可憐你？只有餓死一條路！我們可不能再陪著你們玩命了。」

「可是這幾天，不是已經十分暖和了嗎？縣委說現在是播種下秧的絕好機會。縣委叫我今天來，就是準備報道你們這個全縣數一數二的生產標兵隊，在「雨水」前後的播種情況，來推動全縣的早播進度。」

姓周的這小子說著站了起來，提高了嗓門說道：「那右派份子陳爲改造得怎麼樣了？要他爭取在這次春耕中立功，絕不可以消極對抗，否則就要加重處分！」

跟著，他大聲說：「安徽省委書記李葆華，是李大釗的兒子，夠厲害了吧？因爲要爲一部分右派甄別脫帽平反，受到了毛主席嚴厲批判。還說，右派不但不能脫帽平反，而且階級鬥爭要年年講，月月講，要搞一萬年。你要陳爲特別注意。」

老吳恆裝作沒聽見，他提著水煙筒也站了起來，邊走向門口，邊佯作輕鬆地調侃道：「這就叫『斧頭錘鑿鑿入木』，上頭怎麼說，你就只好怎麼做。好吧，這次就聽你的。讓你在縣委立個大功，跟著連升三級！」他緊接著說：「你回去就向縣委會報，說下塘隊明天開始整理秧田，同時浸種。穀種三天出芽後，就是「雨水」後兩天，全部播下去，就能趕上『春分』插秧，『夏至』就有稻子割了。比往常差不多提前了一個月！你這趟可眞沒白跑！」

從他嘴裏迸出的每一個字，就像從熱鐵鍋裏蹦出來的炒豆子，一個是一個，毫不含糊。

姓周的那小子可歡喜了，走出門口時就像腳底安了彈簧。但他並沒有忘記留下一句：「我明天再來撿查你們的浸種情況，好在全縣推廣。」

這小子知道，穀種一旦浸水受潮，就會出芽，那時想不播都不行了。

陳爲從裏屋走出來，見到老吳隊長一直低著腦袋，不停狠命地抽著煙，還不時緊咬牙關，以致額頭的青筋，和兩頰的下頷骨，也不時可怕地突了出來。從他眼睛射出的憤怒火燄，簡直令陳爲不敢正視。

那整天，陳爲一句話也不敢說。

第二天一大早，陳爲見老隊長挑著一摞籮筐，還有一大麻包甚麼，向著魚塘方向走去。陳爲趕緊跟上去，看有甚麼可以幫忙的地方。可是老隊長一揮手，說：「你去不方便。回去看你的書去。」

從田裏回來，老吳恆才顯得輕鬆又愉快。他得意地抽了兩口煙，笑著問陳爲道：「你背的那首二十四節氣歌，甚麼春雨驚蟄……，挺好聽的。你再背給我聽聽。」

見到老隊長又像往常那樣有說有笑，陳爲鬆了一口氣，也笑著說：「那是根據我國氣候特點，和幾千年農事活動的自然規律，總結編出來的。

「按陽曆每半個月，定爲一個節氣。所以一年十二個月，一共有二十四個節氣。因爲陰曆一年只有三百五十五天，所以每三年得多一個閏月，就是一年有十三個月，不好定，所以節氣和舊曆沒有關係。

「廿四節氣從每年的二月四日，大概就是農曆正月初，定爲『立春』開始，到轉年一月下旬，也就是農曆臘月底『大寒』爲止。爲了好記，一般人喜歡記住兩組數字。一個是『六二一』，另一個是『八二三』。就是上半年的節氣，大約定在陽曆每月六號和二十一號前後；下半年就定在每月八號和二十三號左右。

「所給每個節氣兩個字的名稱，」他繼續說：「都有當時氣候或者農活的特點。

譬如『小滿』，指江滿河滿；跟著『芒夏』，說明進入夏季大忙了。廿四個節氣一共四十八個字，好懂易記。那節氣歌更簡單，每個節氣兩個字中只取一個字，編成四句話，一共廿八個字，就把一年裏的農活，全說完了。」

聽他說來，老吳恆覺得滿新鮮。於是挑戰他道：「光說個春耕播種，縣委就能講上幾個鐘頭。你要說一年的農活，二十幾個字？開玩笑嘛！」

陳爲不服氣，說：「不信，你看這『節氣歌』：

『春雨驚春清穀天，夏滿芒夏暑相連，秋處露秋寒霜降，冬雪雪冬寒又寒』。廿八個字，是不是一年裏所有農活都說完了？」

跟著，他振振有辭地說「就看這第一句：『春雨驚春清穀天』。看字面，是指春季的『立春』、『雨水』、『驚蟄』、『春分』、『清明』、『穀雨』六個節氣。可是仔細想想，陽曆二月初也就是農曆正月初，雖說『立春』了，半個月後也開始有『雨水』了。可是冰凍三尺，大地還未回春。還得再等半個月，也就是三月初『驚蟄』過後，氣溫才開始回升，土地開始解凍，花草萌芽，蟲蟻開始復甦鳴叫，所以這時就叫『驚蟄』。因爲這之前，還可能有寒潮。過早長了出來或者爬了出來，很有可能被乾死或凍死。

「同時，只有過了『春分』『清明』，氣溫才穩定上升。南方的暖空氣吸引北方的冷空氣南下，交鋒成雨，才有嘩啦嘩啦的雨水下到田裏，穀物才夠水揷秧，所以這時就叫『穀雨』天氣。

「所以說這『節氣歌』，」陳爲頗爲欣賞地誇讚道：「是按自然規律編出來的，教種田的不誤農時。」

聽陳爲班門弄斧娓娓道來，老吳恆覺得雖有些書獃子氣，但也滿有道理，所以聽起來還覺津津有味。他想，讀書人要是老老實實，把書裏說的眞弄明白了，那才是眞有學問，也才能「爲人民服務」。那些半吊子水，整天哇哩哇啦，還不夠他說的，哪有功夫看書？於是說道：「我們農民根據老一套的經驗，雖說沒有甚麼新發明，可也不會太離譜。這節氣歌是編給那些『領導生產』的二流子唱的。只可惜他們不懂又不學。

「那幾年鬥爭搞完了，」老吳恆回憶著說：「家家正準備歡度春節，上邊就來人了。也是說甚麼十年旱、九年好。還說要爭取一年收成三造，還有人說要收四造。趕著我們在年前隆冬臘月二十六、七就浸了種，年三十晚就去播種下秧了。」

老吳恆抽了一口煙，接著說：「我們農民本來也是說季節不到，還沒試過這麼早就開耕的。可是領導說那是『老皇曆』，是『落後保守』。如今共產黨領導，甚麼都得『破舊立新』。

「說起來，這老天爺也好像專門跟他共產黨過不去。年初二夜里忽然出奇的冷。第二天早上，有人說在河面上撿到了玻璃。可是沒等拿回家，就化成水不見了。

「那天白天，是個大晴天。縣生產指揮部說，當晚有霜凍，叫農民做好秧苗的防霜工作。可是露天曠野，怎麼防啊？於是大批幹部像救火隊一樣下鄉了。有的用秧田

『灌水保溫法』，爲剛露出土面的秧苗保暖；有的通宵守在秧田旁邊，一聽到電話說『下霜了』，就『噹噹』打鑼通知各地，把準備在秧田周圍的稻草堆點火放煙，叫『熏煙驅霜法』。

「霜後第二天，肯定是個能曬乾棉被的大晴天。農業幹部說，秧苗上的霜，在太陽下融化時要水，可是空氣十分乾燥，就吸走秧苗裏的水份，秧苗就枯蔫了。所以要在太陽出來前，灌水或潑水洗掉秧苗上的霜。……大年初幾就開始窮折騰。這個年過得可熱鬧了。」

陳爲專注地聽著，這時問道：「革掉了『老皇曆』，這年生產總該不同了吧？」

「可不就是『不同』了嘛！」吳恆譏笑著說：「剛才你都說『自然規律』。現在違反了這個規律，又沒有甚麼新的措施保證，你說能成功嗎？」

陳爲迷惘地望著老吳隊長。

「聽他們的話下了的秧，不管怎麼折騰，結果還是敵不過霜凍，死得七七八八。就像長了瘌痢的頭，爛成一塊一塊的，你說這地秧還有甚麼用？

「……結果當然只好犁掉，得浸二遍種，下二遍秧。後來下的這些，雖然正合季節，可不是預留的穀種，不夠飽滿，品種又混雜，成熟期當然有先有後。有的已經熟得彎了腰，有的還正在揚花，你說怎麼收割？怎麼留種？」

老吳恆陷入了痛心的回憶。抽了一口煙才又接著說：「糧食本來就不怎麼夠吃，現在還得從肚子裏再掏出來，往地上撒。我們種田的哪有那麼多本錢和功夫去左試右試?說我們『老皇曆』，一點不錯。我們就是要依照前人幾千年積下的經驗。所謂『春分秧，穀雨禾』。就是說舊曆二月底，大概『春分』前後，這時沒有了霜凍，氣溫大致上穩定了。就算還有寒流，老人說也是『春無三日寒』，時候不長，強度也不大，在這時浸種下秧最穩妥。一個月『穀雨』前後插下去，照你們現在的說法，就是最好的……」

「最好的選擇。」陳爲忙爲他補上。

「嗯。一個月的秧期，根不長不短，秧不老不嫩，正是分櫱旺期。從秧田鏟起插進大田，很快就能分櫱轉青，不到三個月大暑，早稻就差不多能收割完了。」

老吳悵嘆了口氣，跟著說：「種田本來是爲自己打工餬口，發不了財；可是能悠悠閒閒，不用趕碌，不必和別人爭鬥。可是如今，老是弄得我們一年三百六十天，天天得下田。結果還是連粥都吃不上，餓死人……」

陳爲連忙打岔道：「天有不測風雲，也難說。那年早造，估計是減產了。但是晚造呢?應該沒受甚麼影響了吧?」

「不測風雲，不能年年不測吧?那年晚造不只沒受影響，而且收成特別好。其實春頭下霜不是一件壞事，就看你會不會利用。

「第一能凍死越冬害蟲，全年沒有蟲害病害;第二，我們南方下霜，就像北方下雪，所謂瑞雪兆豐年。土地上那層白色的霜，就像一層日本肥田料，兩造的稻子都長得一片綠油油，看著眞教人歡喜。

「其實老天爺挺疼我們農民的。那年早造收成不好，怨不得天。不是下霜下壞了，而是這些『能勝天』的人沒按季節規律辦事，播種太早。照他們後來的說法，就是：『把好事辦成了壞事』，把大好年成白白糟蹋了。

「那年我們村就想到，就算再播種季節不晚，可不是預留的穀種，成熟期不同，不要說增產，連保產都難。所以乾脆犁掉，下晚造秧。結果風調雨順，成長期又長，得了個大豐收。

「雖然一造再好，也抵不上兩造，可我們見季節還早，收了稻子又種下一造番薯，才沒有那麼大損失。」

23 誰主浮沉

陳爲沉思了一陣，問道：「剛才你說下霜不是一件壞事。爲甚麼呢？」

「下霜能凍死秧苗。可是如果不跟天鬥，等過了霜期才下秧，秧苗還會凍死嗎？下霜只會凍死把泥土翻轉、暴露在面上的害蟲。泥上一片白霜，就像下了一層肥，怎能說不是好事？硬說他比天還厲害，硬叫嫩苗去和霜鬥，就像放個剛生下來的娃娃在冰天雪地裏，叫他去『和天鬥爭，其樂無窮』。你說能行嗎？」

陳爲也忍不住笑了。

「現在總是說要種三造、種四造，幾千斤、幾萬斤。」老隊長繼續說：「其實能種好兩造，有個千把斤，我就捂著嘴偷偷笑了。過去多少年都是說種一造、種兩造，跟著犁冬晒白，就是讓那塊地有個休息，叫『休耕』，有人叫『休閒』，恢復地力。現在可好，人不准休息，田也不准休息。天天嚷『增產』，結果增了嗎？剛才說的犁冬曬白，我們農村就叫『犁曬霜』。就是秋收後把田土犁翻，讓牠遭日曬霜打，不但霜死了地裏越冬的蟲卵，還等于加了一層肥。這樣地力有了恢復，人也不用累到半死，還得成天揹著個噴霧器去殺蟲。過去犁冬曬白的，除了從北方飛來的蝗蟲，就很少長過蟲子。

「可上頭怕我們幾億農民閒在家裏鬧事，總要把我們趕下田去做工才放心。拿筆一算，說農民一天不下地，全國幾億農民，就等於歐洲一個小國家一年沒做工，浪費太大。又說，一造一百二十天，三造也才三百六十天，一年還餘下五天給我們在家休息，所以完全可以種三造。可是他們自己試了幾年，怎麼也沒辦法成功種出三造。後來又說改爲一造冬種。晚造我們一收割，顧不了碾禾脫粒就趕著犁耙田，種下小麥或番薯花生。可是轉年麥粒剛灌漿，花生也才有空殼，就說再不犁掉插秧，早造秧就做得姥姥了。白忙了一場，還丟了不少種籽肥料。後來一想，這些薯秧麥苗既然挑回來漚肥，不如就改成種綠肥，增加地力吧！結果五八年大躍進徹底失敗後，幹部就很少再下鄉來『領導農業』了。我們農民就根據需要，有的犁冬曬白，有的種綠肥，有的種蔬菜，還有的乾脆丟荒跑進城了。公社化後也就沒人再來管了，直到現在。」

一聽說「五八年」，陳爲就聯想到「反右鬥爭」，不禁打了一個冷顫。問道：

「怎麼徹底失敗？甚麼徹底失敗？」

老隊長繼續回憶說：「那時他們認爲要是不指揮，就顯不出他們的偉大。那次指揮春耕失敗後，沒過兩三年，就好了瘡疤忘了疼。前兩年又說要大躍進，說人家甚麼地方畝產有幾千斤，甚麼地方還有幾萬斤。大概上頭見到這麼多『幹部』閒著沒事『幹』，就又趕他們下鄉來找我們農民的麻煩，還是說要早播、密植、增產。

「不過這次不敢在春節前就浸種了。也像現在一樣，剛過『雨水』」，就再也忍耐不住，下鄉來催命了。

「剛才那個廿四節氣歌，基本上是按照正常年景制訂的。可是『天公』沒和我們訂下合同呀！祂做事有時也有遲有早。這年『雨水』前後下的秧，倒是沒遇到『倒春寒』，沒凍死，估計『春分』就可以插進大田了。可是左等右等，天天一睜開眼就是萬里無雲。過了『清明』、『穀雨』，又到了『立夏』，秧期快兩個半月了，也還不見雨下。幹部急了。說領導交代，要我們去中央。……」

「去中央做甚麼？」陳爲不安地問。

老吳恆也笑了：「不是去『中央』，是去『種秧』，像種菜那樣種秧。沒水犁耙田，秧插不下，只好三人一組：一個人用鋤頭在硬泥上挖小坑，一個人挑水來，一坑給一瓢水，還有一個人和稀坭，跟著把剪了頂的『禾苗』種在稀泥里。各組人邊種邊往後退。一塊三分大小的田，要是插秧，一個人即使半天插不完，插一天怎麼也插完了。可是現在，站滿一排人，屁股碰屁股，折騰了半天，還種不到一半。可一望前面早上種下的，經過中午這一曬，全蔫了躺倒了。」

「那後來怎麼辦呢？」

「好在又過了兩三天，下大雨了。可是農家一向說：『插田插立夏，插不插也罷』。何況兩個多月的秧苗，差不多都帶胎了。還又拔起又插下，折騰甚麼？」

陳爲越聽越糊塗，問道：「爲甚麼就不可以呢？」

「這秧苗還在秧田里就帶了胎，就像個七、八歲的小姑娘就大肚子了，她生下的孩子能大個嗎？再說，過了『立夏』才插的秧，要到『立秋』後才能收割。早造延遲了又會影響晚造。過了『小雪』，日照時間就短了，稻粒沒法飽滿結實，這晚造也就泡湯了。」

「照這樣說來，早了不行，晚了也不行。在這種情形下，是不是只好犧牲一造？」陳爲無奈的問。

「早造沒希望了，當然只好力保晚造。我們這里的山區，就因爲日照時間短，只能種一造，叫中造，或大造。這中造就比晚造生長時間還要長，加上溫度高，雨水足，所以穀粒飽滿，水份少，產量高，既好吃又耐儲存。你以爲政府不懂嗎？不論徵、購糧，都只要晚造的給他們自己吃；那些早造的，就留給你們這些種田的自己吃吧！」

老吳恆想了想，接著說道：「其實天時不湊，誤了早造，誰也不想。可是你不要嘴硬，還硬說『人定勝天』呀！我們種田的可不敢和天硬碰。眼看早造沒希望，就不去『搶揷』、硬揷了。五五年隔年浸種失敗後，好在幹部全跑了。我們這裏就提前揷下晚稻，結果無蟲無病大豐收。晚稻豐收後時間還早，就又種了一造番薯補回早造。如果不是政府過份購糧，我們這裏家家還是夠吃的。」

「剛才說前兩年的大躍進，早造因天旱揷不下，這實在怪不了誰。那晚造應該就像五五年那樣，收成很好了，是不是？」陳爲邊思考邊問道。

「五五年早造，是他們指導失敗後，甩手跑掉了，所以我們能按照自己做法，晚造才得到了好收成。可是五八年『大躍進』，別地方的廣播、報紙，都說他們那裏已經畝產幾千幾萬斤了，我們能說只有『高產幾百斤』嗎？也只好跟著大家，睜著眼睛說瞎話。大概有的地方牛皮吹得太大，上級的表揚，特別是獎金，讓別人很有意見，只好說，各地所放衛星，要由各地生產指揮部在打穀場上過秤『驗收』。」

「這些幹部眞有時間去驗收嗎？」陳爲問。

「他們吃飽了沒事幹，坐汽車周圍跑跑，怎會沒功夫？可是道高一尺，魔高一丈。各標兵社又把從兩三塊田割下的稻子，統統鋪在打穀場上，說是從一塊高產田裏割下的。有的更大膽，先在場地上倒了好幾擔穀子，上頭才鋪稻稈。旁邊還插塊牌子，寫著某社某隊面積大小，專等拿著照相機的驗收幹部一到，就拉來幾頭牛，拖著碾子跑上幾轉，扒開稻草，露出厚厚一層穀子，給幹部照像。

「其實這些假把戲大家都心知肚明。既然一個願打，一個願挨，上頭那個又眞喜歡看這類表演，大家就玩玩開開心也無防。何況一邊還想提拔升官、一邊也想拿獎金戴大紅花呢？

「有人還是不服，又揭發了。上頭只好說，打穀場上驗收不準。晚造要看在田裏的長勢。從一塊田的株行距，稱一棵稻穗的重量，就可算出他的產量了。

「可是怎麼算，也算不出畝產能有一萬斤。就算稻子兩頭長穀穗，也算不出能有十萬八萬斤。

「爲了幹部田間檢查，有的地方就把好幾塊田裏已經插下轉青了的禾苗，又拔出來，剪根剪頂，再密密插在一塊倒了幾擔屎尿石灰的田裏，盼著收成時一棵能有幾兩重，數不清的這麼多棵，沒有一萬斤大概也差不多了。

「插滿了禾苗的田裏一片翠綠。可沒過幾天，全轉黃了。下田檢查，臭氣熏天。原來禾苗的根，因爲太密，不得通風透光，水溫又高，屎尿石灰又太多，沒等長出新根就已經爛了。禾苗裏長出的剃枝蟲，沒有了可吃的綠葉，就像糞坑裏的蛆，爬得到處都是。揹著噴霧器去噴藥的幹部，嚇得丟下噴霧器就跑。

「這幾年說假話、幹假事習慣了，也就不覺得害羞了。可我們是餓著肚子陪他們玩啊！」老吳恆無奈地又拿起了煙筒。

陳爲搖了搖頭，說：「就算認眞對待，影響農業收成的因素都那麼多，那麼複雜。難怪前人說：須知盤中餐，粒粒『皆辛苦』。」

老吳恆嘆口氣說：「你看我們這些耕田佬，有誰是怕『辛苦』的？我們見到一顆飯粒掉在桌子上，都撿起擱在嘴巴裏。可是我們反把整籮整籮的穀子，撒在泥巴裏，我們不心疼嗎？

「從播種那天起，就擔驚害怕。有時望他下雨，有時又唯恐他下雨；有時盼他晴天，有時又怕他晴天。沒授粉前希望他有點風，授了粉又怕他打風。所謂「禾怕寒露風，人怕老來窮。」人老了，還怎麼和人競爭打拚？一場寒露風吹掉了花粉花蕊，空留下滿田稻稈，這造還有甚麼盼頭？

「天天提心吊膽，就算盼到稻穗黃熟了，可那還不是你的。一天不割下挑到打穀場上，一天不脫粒、曬乾挑回家裏，都還會倒伏在田水裏，或者在曬穀場上，被突然一片黑雲，一陣驟雨淋溼出芽，結果還是一場歡喜一場空，顆粒無收。你說我們能不靠天吃飯、能不一睜開眼就去看天嗎？

「你以爲他們不知道農民最苦嗎？爲甚麼處分一個人，老是把他送去農村？一天不離開農村，就一天沒有翻身出頭之日！」

陳爲沉默了。半晌，他還是滿腹疑團地問道：「既然你認爲『雨水』前後下秧太早，沒有保證，那你爲甚麼今早又去浸種呢？」

「我去浸種？……哦，哦，我是去浸了種……」

老吳恆著著實實抽了幾口煙，才慢慢說道：「你沒聽到那小子用縣委、還有那個甚麼主席來壓我嚇我嗎？還說，還說……」他打住了。半晌，才用沙啞的聲音慢慢說道：「他們的嘴都是豎著長的。我要是不按他們意思浸種下秧，他們會說是因爲你陳爲從中破壞，要加重對你的處分……他們甚麼做不出來？」

果然第二天上午，姓周的那小子帶著一個記者又來了。老吳恆拿起水煙筒，一邊往裏裝煙絲，一邊說道：「全大隊早造五百廿斤谷種，昨天已經按你交代的全浸齊了。收成好壞，就看上天了。」

姓周的眼睛一亮，興奮得站起來說：「好！好！我們回去要登報，推廣下塘隊的早播、三造增產經驗！」

跟著，他又滿臉狐疑地和旁邊那記者嘀咕了幾句。然後對老隊長說：「你帶我們去參觀參觀，以便回去寫文章，並向縣委報喜。」

「那魚塘邊不是泥就是水，塘裏水齊膝蓋深。你們穿鞋著襪，褲腿又長，弄溼了，風一吹會著涼。就不用去看了。」

兩人相互望了望，回說年輕不怕冷，還可以去呼吸一下新鮮空氣。說完就往門口走。

「唉，」老吳隊長有點著急地說：「我又沒騙你們，眞是不用麻煩去檢查了。」看來越不讓他們去，他們就越是要去。老吳恆只好擱下煙筒，跟著他們走了出去。陳爲獨自留在家里，坐立不安，不知道將會發生甚麼事情。對這個姓周的，他現在也覺得十分反感。

大約半個多鐘頭後，三個人高談闊論、有說有笑地回來了。那個姓周的說：「到底是老薑，越老越辣。我們的生產標兵老吳隊長，掌握了這幾天溫度持續上升的大好機會，全部浸了種，爲今年早稻生產打下了勝利基礎，的確値得向全縣甚至全省推廣。」

老吳恆慌忙認眞地說：「各地生產條件和成功經驗都不同，千萬不可向別人推廣照搬。」

那兩個小子已經跨出門口了，笑著回頭說：「你老隊長自己豐收了，也應該讓別人豐收呀！不可以自私保守呀！」

幾條青筋，又突起在老隊長的額角和兩腮了。

兩天後，全省、各專區、和縣裏的機關報，陸續登載了恩明縣生產標兵下塘隊，春耕浸種下秧的消息和圖片。跟著幾天，就是各地普遍「學趕」先進的專訪報道。

24 大地之子

南國早春溫暖和煦的太陽，有兩天沒露臉了。跟著，大地上刮起了一股股刺骨的北風。蔚藍的天空，被吹成一片沉重的鉛灰色。冰冷的細雨，靜悄悄地飄臨大地。死神正在輕吻著那些勇敢出來歡迎祂的初生秧苗。

老隊長的臉，就像天空一般陰沉。從一清早，他就坐在那張凳子上，不停地抽著煙。前兩天那興致勃勃的談鋒，一點也沒有了。

他不時走到大門口，抬頭望著天空，然後又六神無主地走了回來。一拿起水煙筒，就見到他兩額跳起的青筋。

陳爲逐漸明白了，只有田裏的那些莊稼，最能讓這些老實農民揪心。平常一粒米、一條菜，都不捨得糟塌，又怎忍心讓這些自已親手撒下，剛出娘胎的小苗苗，裸露在荒郊曠野，任由風霜雨雪來摧殘？戶外寒風夾著冷雨，在家裏蓋著棉被都嫌不夠，這些小苗苗，又怎能在冰水裏泡上幾天都不爛？一種做了劊子手的傷痛，遠勝於對白白扔掉了幾百斤稻穀的惋惜。

爲了打被這可怕的沉默，陳爲小心問道：「有甚麼辦法，可以幫助秧田禦寒嗎？」

「有。有暖房，或者起碼架起尼龍簿膜，不讓冷雨淋在苗苗上。可是外國來的這種玩藝很少，一尺得多少塊錢，我們農民哪有那麼多錢去買？

「他們就會像催命鬼那樣，三天兩頭來催著我們把穀種撒出去，然後拍拍屁股就走了。現在下冰雨了。有誰來問問：你們要不要貸款，供銷社算便宜一點，賣給你們尼龍薄膜給秧苗禦寒？」

「這書上說草木灰也可以保暖……」

「可草木灰是晴天用的，遇到冷雨就化了，還怎麼保暖？這冷雨不同下霜，半天就過去了。它一下就是兩三天，天一晴就見到爛秧了。」老吳恆跟著說：「只有一個辦法最有效。」

「甚麼辦法？」陳爲急著問。

「讓穀種擱在家裏，不要扔出去，直到一個月後的『春分』。」

陳爲低下了頭。現在他才明白，爲甚麼那天老隊長發那麼大火。不過他還是說：「前些天，天氣確實很暖，想不到……」

「想不到甚麼？你那天不是還說，春天南方的暖空氣，吸引北方冷空氣南下，交鋒成雨……我們種田的不會說這些，只知道『春寒雨起』，知道『南風轉北，牙關打擂』。打春後暖不了幾天，跟著還有一兩次冷。冬天是乾冷，打春後就是下冷雨。我們能拿這些連吃都不捨得的穀種，去和天鬥、去冒險嗎？」

陳爲點了點頭無奈地說：「的確是。冷空氣密度大，流向密度小的暖空氣，就像高水位流向低水位一樣。暖了好幾天就會冷的道理，農業技術人員不會不懂。可說出來又恐怕被批判是『老皇曆』，是『白專』的條條框框。」

鉛色的天空，冰冷的雨。眞是毫不容情地持續了三天。

第四天，靡靡細雨還未停止，可是已經開始沒有刺骨的寒風了。

老吳恆從裏屋一共挑出四擔穀子，挑向魚塘方向。

縣生產辦公室也不斷打電話給各公社和大隊部，詢問爛秧情況，並佈置補播。

之後這一個月，老隊長就很少有時間待在家裏抽煙或聊天了。有時見他背著一張耙，還趕著那頭大水牛出去，晚上才滿身泥濘地回來；有時又見他挑著兩籮草木灰出去；還有時打開那個臭尿缸蓋子，滿滿舀了兩桶腐熟的人尿挑走。

陳爲在看書之餘，有時也問老隊長，有甚麼可以交給他做的。

老隊長也喜歡和他開玩笑：「我沒有忘記你是來勞動改造的。你先別忙，有用得著你的地方。」

有一天，老吳恆從裏屋拿出一個褐色玻璃瓶，指著瓶上的標籤，問陳爲上面寫的是甚麼。

「百分之五十甲基托布津可濕性粉劑水溶液」。老吳恆聽後點了點頭說：「就是這瓶。」跟著，又拿出一本又舊又髒、上面寫著「農藥手册」的小册子，叫陳爲找出這種「托不眞」藥的功能和用法，也讀給他聽。

「嗯……八百倍水溶液，防治炭疽病……」。

「成了，不用讀下去了。」他跟著挑來一擔乾淨的空桶，還提來一個噴霧器擱在地上，笑著說：「我現在委派你當下塘大隊的『植保員』。以後全大隊的噴藥工作，都由你負責。今天先帶你去那十幾塊秧田，給秧苗噴藥防病。」

他跟著告訴陳爲，那「托不眞」藥粉，已經溶在瓶子裏的一斤水裏了。「這水桶每個能裝卅五斤水。你算算，八百倍就是一桶水下多少藥水。」

陳爲忙找來紙筆，趴在桌上照比例計算。算了半天，老吳恆拿著藥瓶站在一旁，聽得心煩，說：「甚麼噎死（X）嗆死的？這一桶水卅五斤，十分一就是三斤半，百分一就是三兩半，千分一就是三錢半。這八百倍應該比三錢半濃一點，就算它四錢半吧。」

陳爲說這樣不夠科學。跟著高興地說：「我算出來了：一桶三十五斤水，應該下藥水四錢三分七……」

老吳恆笑道：「這下藥水當然應該盡量準。因爲如果下得太少，就防不了病、殺不死蟲；下得太多發生藥害，那就更壞事了。我寧可你老像今天這麼認眞，我就放心了。」他跟著說：「可是在田裏，去哪里找桌子紙筆塗劃？我們就在心裏，像剛才這樣算出四錢半，跟你算出的四錢三分七差不多，就成了。」

陳爲深有領悟，連連點頭。跟著問：「有沒有量杯？」

「甚麼杯？」

「刻著度數的玻璃杯……或者試管？」

「甚麼杯呀管的？家裏可沒有這些玩藝兒。是做甚麼用的？」

「我怎麼知道倒出多少是四錢三分七？」

老吳恆又笑了：「你拿一把尺，在這瓶子的標籤紙上畫上十格，一格就是一兩。兩格中間點一個點，就是半兩。比半兩少一點，不就是四錢多了？我們農村條件不夠，沒辦法做到像你說的那麼科學，只要差不太多就成了。」

陳爲不得不佩服老吳隊長這種倔強的實幹精神。他一邊在瓶上小心畫格，一邊想到：老吳恆從沒強調過自己不識字、沒有文化的困難。他兩眼老是朝前望，想方設法去克服種種困難。既要應付各種天災，又得應付來自共產黨領導的強迫命令。論天資，論幹勁，他都不輸給人。可是這輩子沒吃過好的、沒穿過好的，整天勤勤懇懇，不怨天，不尤人，始終踏踏實實過日子。這大概就是像牛馬一般任勞任怨的農民本性了。

他又想到，要不是自己被貶到農村勞動，又怎知原來天地如此之大，知識如此之博，而且遠比自己智慧能幹、卻終身生活在社會底層的，還大有人在？

老吳恆交給陳爲一根舀水的「尿斗」，教他用一頭除了挑個空桶外，再加個噴霧器；那瓶藥水就擱在另一個空桶底。「給你兩個桶是爲了好挑水。其實噴一次秧苗，一桶水裝滿兩噴霧器就足夠了。」

從老吳恆這段話裏，陳爲聽得出來，老吳恆不是不會這個噴藥工作，而是有意讓給他陳爲去表現一下，去立功。

一路走去，不斷碰到社員和隊長打招呼。有的婦女問：「老吳伯，你家老二腳好清楚了沒有？小心別挑得太重、走得太遠，還會回生的！」

老吳恆就和陳爲一樣，碰到和女人說話就全身不自在：「不太重……勞動改造嘛！」

婦女的經常反應就是頭一扭，「呸」了一聲。

到了田間，老隊長教陳爲逐塊認識本大隊秧田的地點和特徵。「現在田裏沒揷秧，這幾塊秧田容易認。你記準數目，不要噴漏。」他跟著說：「現在你去那邊小河裏舀兩半桶水挑回來，照份量開藥。如果你思想不集中，」老吳恆好像有意讓別人聽到，故意提高嗓門說：「開錯了藥，我就把你的腦袋扭下來！」說完，自己也笑了。

天空好像從沒有這麼遼闊寬廣，田野間吸不完的清新空氣，讓人覺得彷彿胸腔大爲擴張。這令人心曠神怡的藍天白雲，彷彿在哪裏見過似的。是在哪裏呢？……同樣是勞動，只要得到別人的承認和尊重，即使再辛苦，都能讓人感覺到生存的價値、生命的意義。陳爲想，這是否就是「人權」？

那天噴完藥回到家裏，陳爲興奮地問老隊長，爲甚麼他們下塘大隊的秧苗，整齊茁壯，一片青綠，越噴越起勁，而路過見到別的大隊的秧苗，就有塊沒塊，塊青塊黃，像癩痢頭一樣難看。難道他們沒人管理？

老吳恆聽後，掩飾不住滿臉的得意，但很快又陰沉了下來。半晌才說：「我原以爲你這小子聰明過人，有的事情瞞得了別人，瞞不了你。現在看來，你還是太嫩，太老實。怪不得有人敢騎在你脖子上撒尿。

「你記得大概一個月前，縣生產辦公室那個姓周的小子來催我浸種下秧嗎？」跟著，他說：「打春後暖了那麼多天，跟著來的就是下冷雨，這一點，我們種田的都知道。我怎麼能爲他們甚麼屌縣委，把這麼多穀種都送進鬼門關？」即使現在提起來，老吳恆都控制不住滿臉的憤怒。

他說，開始，姓周的那小子想用縣委壓他，被他頂回去後，「他又拿對你陳爲『加重處分』來威脅我！」

老吳恆的聲音有些顫抖。陳爲趕快把目光移開。

「他們甚麼做不出來？」老吳恆繼續回憶說：「當時想到『好漢不吃眼前虧』，我只好揑著脖子忍著氣，假裝答應就依他意見去浸種下秧吧。」

爲了保護他陳爲，這錚錚鐵漢也只有委屈求全——陳爲內疚地低下了頭。

「誰知這小子說第二天還來檢查，害得我一夜睡不著覺。爲了應付他們檢查，第二天只好演了一齣『空城計』。」

「可是第二天，」陳爲揷嘴道：「我確實見到你挑著谷種、籮筐甚麼的，去魚塘浸下了一批谷種。」

「這就叫做：上有政策、下有對策。剛才我是說要應付他們檢查呀！其實挑去的，是一大包糠皮。浸在水裏的幾個籮筐，每個籮底都壓了一塊大石頭，不讓它漂起來，只露出籮邊。每個籮里撒了一些糠皮。一些糠殼漂在水面上，看去就像浸著的是幾大籮沉甸甸的穀種……我不是閒得發慌來做這些把戲，我是逼得走投無路啊！

「第二天，姓周的那小子果然又來了，還帶著個挎著照相機的甚麼屌記者。我心裏一直打撲通。趕快賠笑主動說，已經按他們『吩咐』的全部浸下了穀種。心裏盼著他們一順心，就放我過關了。誰知他們一商量，硬要去魚塘『參觀』。我知道哪裏是甚麼『參觀』？就是要去檢查。我說田野風大，特別冷。魚塘邊又是泥又是水，弄溼了鞋襪會著涼……。可這兩個人像是鐵了心，越不讓去就越要去。

「這兩個少年亡，一見到塘裏浸著的幾籮東西可歡喜了。我眞怕他們脫了鞋襪，下到水裏用手去撈籮底，那可就穿鍋了。好在他們只顧了站在塘邊拍照。一會兒這個給那個照，一會兒那個又給這個照。誰也沒想到要下到冰涼的水裏去。

「兩個人嘻嘻哈哈地回來，還說我老吳恆這次要大出風頭了，還說要登報推廣。我心裏著急，恐怕一推廣會害了別人。可這兩個短命還說我自私保守！」

「可是過了些天，」陳爲說：「大概就是『驚蟄』前後，你就又去浸種了。那天天氣也還沒暖。要是又來一次寒潮冷雨，我們也同樣會完蛋。這大概就看運氣了？」

「我們種田的人都知道：『冬無三日暖，春無三日寒。』抓住寒流的尾巴浸種下秧，苗苗出來時正碰上晴天暖和，一天能長小半寸。就算幾天後又來了寒流，苗苗已經兩寸多長，有了抵抗力，下點草木灰，淋點尿水，幾天就過去了。他們和我們爭的，就是那十天半個月，說是要打破老皇曆，實現三造。」

25 祈　年

過了「清明」節的一天，下塘大隊各生產隊，開始揷秧了。其實，「一年之計在於春」這句話，是從農村說開的。早造開始揷秧的第一天，在廣東僑鄉農村，就像個大節日。

天沒亮，家家主婦就都起來煮好了早餐，然後就著手打扮了。最重要的是這「頭面」。濃密烏黑的秀髮，幾乎是廣東女子的特點。所以梳好一個漂亮的髮髻，髻下繞上一圈標緻銷魂的紅頭繩，然後抿上光滑油亮的刨花水，就是所有主婦、特別年輕媳婦們的第一道工序。跟著，口叼著一根棉線，相互爲對方撲了粉的臉絞乾淨臉毛，頓時眉清目秀，就完成了第二道工序。由於幾個月沒下田曝曬，現在又薄施了點脂粉，就顯出這些媳婦們臉上那對馬來種的烏黑大眼睛，特別嫵媚動人。

幾乎是不成文法：這些媳婦們必須穿上只有在過年過節，才捨得穿出的那套細黑布衫褲，圍一件繡花黑圍裙。因爲要下到水深及小腿肚的田裏揷秧，婦女們都得挽起褲腿，露出一截蓮藕般的小腿。

所有這些梳妝打扮，都是爲了討好天地鬼神，取得祂們歡心，以期一年裏風調雨順，給個好收成。農民一年到頭勞累，除了仰望大自然的賜予，還能期望甚麼呢？

婦女們在頭天晚上，就已經互相叮囑：第二天開始揷秧，從早上開始，個個都要喜氣洋洋，有說有笑。注意不要說出任何不吉利的話。如果聽到小孩子不愼說出，或者誰打了一個噴嚏，就要趕快說一聲：「大吉利是」來消災免禍。

這一天，全隊人馬都要到齊，中途無事也不可離開，以防有人不經意說出：「少了一個」「走了兩個」或者「不見了一個」等等不吉利的話。

不論實際上多麼困難，這揷秧第一天的午餐，也必須是供應充足的大米飯，以及每家一小碟蒸小鹹魚和一小碗有幾片冬瓜的湯。這的的確確是豐盛的了，也是爲了防止有人說出「沒東西吃」、「不夠飯吃」這類難聽的括。由兩位梳洗得乾淨漂亮的媳婦，用新籮挑到田坎上，歡歡喜喜地叫一聲「大家洗手上田了」，表示午飯已經挑來，準備開飯了。絕對不可以大叫：「大家來吃飯啦」！以免被荒山野嶺的孤魂野鬼聽到，跟著大家回村，以後人口就難保平安了。

吳恆隊長知道衆婦女喜歡和陳爲開玩笑，怕他尷尬耷拉著臉，又怕他無意說出忌諱的話，弄得大家不高興，便叫他跟著自己去秧田鏟秧。

秧田邊早有一位穿著整齊的年輕婦女，手持扁擔等著挑第一擔秧到大田了。見到是新手陳爲來碼秧，她招呼了一聲「老吳伯」後，便動手把一個個新竹簝（音產。竹篾編成，用來撮垃圾坭土用的簸箕狀盛具，上有曲形提把連接兩旁供提挑用。）沿著秧田邊排成一直行，以方便碼秧的人，碼滿一簝接著碼第二簝。

老吳恆腰間綁著一條汗巾，並且遞了一條給陳爲，說：「綁起來，就不怕風吹起衣角礙事了。」跟著，他叫那女子碼兩篸給陳爲見習。陳爲專注地記住這兩人如何配合，才能做到既省時間、又省氣力、質量又好。

陳爲見到吳恆隊長手裏那把秧鍬的鋼鏟頭，雖然也就一尺來長，可是連那圓滑的木柄，就足有七尺多長。

老吳恆輕輕吐了一點口水在手心，搓搓手，握住鍬柄齊地面一鏟，再稍微一翹，雙手便將秧鍬連那塊秧正好舉到那女子跟前。那女子雙手一合，剛好抓住整塊秧尾，順勢一拖，將那塊秧拖出秧鏟並輕輕放在竹篸前沿。放第二塊秧時，她邊做邊告訴陳爲：要緊貼前塊秧的基部輕輕推上去。如果懶得彎腰就這麼丟下去，前面那塊秧苗就會被折斷，而且秧泥互相黏在一起，揷秧的人取不出來，這篸秧就報廢了。

陳爲見這二人，一個一鏟一舉，一個一拖一放，很快碼好了兩篸，那女子便挑走了。

陳爲趕緊上去接替那女子的位置。心想現在無人在旁，即使出些洋相也不怕有人笑話。正感安慰，忽見又來了個十三、四歲梳著兩個抓髻的丫頭。冷不防那秧鏟已送到自己的面前，他下意識地向後一退。只聽見那丫頭大聲叫道：「老吳伯！他怕你鏟掉他的鼻子！」

老吳恆「噗哧」一聲笑了出來，有點尷尬地喝斥那丫頭道：「別胡說！」舉著一塊秧的那把秧鍬，也只好又放在地上。

「你這小子退甚麼？我不會碰著你的。一塊秧連鍬十多斤重，我老舉在半空中等你來拿，一天舉個一千幾百次，我受得了嗎？」

陳爲抱歉地搖了搖頭，也跟著笑了。碼到第三篸時，他就能和鏟秧的老隊長，配合得很默契了。

春耕插秧共進行了五天，便順利完成了。之後田間管理、夏收夏種，乃至秋收入倉，都按步就班，有條不紊，顆粒歸了倉。老吳恆提著煙筒，看著大家把分給各戶的穀子挑回家裏，跟著把應上交政府的公、購糧挑到鎮糧站入了倉。回來對陳爲說：「其實我們這裏，一般都算風調雨順。眞的天災，是很少的。老天確實是心疼我們了。」

陳爲同意他的看法，說：「就是那句：按照『自然規律』。如果政府部門，能在良種、化肥、農藥、薄膜、以及資金技術上，提供方便，那當然更好了。」

對比下塘大隊，其他不少大隊因爲早造秧苗受凍爛死，得下二遍秧。穀種不齊，難于管理，以致早造失收，影響了全年產量。

經過田間評比，下塘大隊自然又奪得「標兵」稱號。

在縣「評功表模」的慶功大會上，吳恆戴著一朵大紅花上台報告事跡時，按照旣定模式說：「下塘大隊今年的豐收，主要是依靠共產黨的正確領導，遵從毛主席的『八字方針』取得的。」跟著，他像鸚鵡學舌般說道：「下塘大隊的豐收，還說明了黨對知識份子改造政策的無比正確。」

他說，右派份子陳爲在全體隊員的嚴挌監督教育下，痛哭流涕，决心脫骨換胎，重新做人，以爭取人民群衆的寬大處理。他起早摸黑，下田和社員一齊勞動，專挑重活髒活幹；晚上點燈學習馬列主義，毛主席著作，結合批判自己反動的階級出身和資產階級錯誤思想。在寒流冷雨來襲時，用自己的儲蓄購買尼龍薄膜，連夜爲大隊所有秧田搭棚防寒。寒流過後，聽取老農指導，又爲秧田施草木灰，腐熟人尿，噴藥防病。因此，下塘各隊秧苗整齊茁壯，爲早造以至全年豐收打下了可靠的基礎。

他最後說，現在有了「三面紅旗」的正確指導，如果政府更從資金、物資、以及科學技術上給予支持，那麼全縣、全省乃至全國的豐收，就更有了物質保證。

全場響起了「熱烈的掌聲」。

縣委除了再一次頌揚黨中央領導的「無比正確」外，並表揚了下塘大隊、特別吳恆隊長與天鬥爭、人定勝天的頑強精神。最後宣佈經報請上級黨委批准，摘掉悔過自新的陳爲「資產階級右派份子」的帽子，即日起恢復公職，並調至與開明縣交界處的涼亭山林果場爲技術員。

聽著吳恆隊長生動的描述，陳爲忍不住笑了又笑。及至聽說縣委決定將自己調到涼亭山林果場，他怔了一陣，收斂了笑容，低頭不語。

「怎麼？」老隊長臉上又露出了那兩條狡黠的笑紋：「摘掉了那頂臭帽子，你反而不高興了？」

半晌，陳爲才躊躇地說：「不是摘了帽子不高興……」

「那又是爲甚麼呢？」

「要離開這裏，離開……，要一個人去林果場……」

老吳恆明白了陳爲在這麼多年的打擊折磨後，對自己已經失掉了信心，那男子漢固有的陽剛之氣，已經所餘無幾；更沒有足夠的勇氣，到一個新環境中去接受新的挑戰。他彷佛又一次見到那無數秧苗，被無端趕到寒風雪雨中無助死去的畫面。他想，再不改變環境，讓他離開自己的保護，獨自到外面去闖蕩，陳爲這棵實際已停止了生長的秧苗，就會完全枯萎、死掉了。

「你該不是想在這裏當一輩子泥腿子吧？眞有出息！」老吳恆改變了語調說：「往後是不是留在林果場，你看著辦。有事回來跟我商量。反正摘了右派帽子，恢復了公職，往後就好辦事了。」他跟著說：「給你那助理朋友寫封回信，多謝她惦記寄東西來。有條件，我看你們的事也該辦了。」

陳爲還是耷拉著腦袋，不言不語。

「是啊，那次你說甚麼……甚麼男兒志在……志在哪裏呀？」

「志在四方。」陳爲有氣無力地回答。

「對啊，四方的就是田。志在田裏，就是當一輩子農民。對了吧？」

陳爲「噗哧」一聲，也笑了出來。

26 偷　渡

這涼亭山林果場，在開恩二縣交界處。前幾年因兩縣合併精簡機構，就各有幾百幹部帶著工資下放來這裏，種瓜種果，造林育苗，頗有一些成績。但即使土地機械、耕牛農具、種肥農藥、甚至技術幹部，樣樣由國家無償支援，而要做到在財政上能自食其力，則尚有一大段距離。

開恩二縣不是進行合併的唯一兩個縣。相反，在那「總路線」凡事改革的年代，爲了壓縮脫產人口，全國絕大多數縣鄉都合併了。記得大陸易幟初期，這兩縣原屬粵中地區，土改時改屬江門地區，土改後又屬肇慶地區，現在又回復江門地區了。併縣後幹部大調動。但不久隨著併縣失敗，又一分爲二，幹部再來一個大調動。

根據政策，幹部如非犯錯誤受處分，在調動時只有升職，絕無降級的理由。因此，在如此頻繁的改屬、分分合合的過程中，機構越來越重疊，人員也就越來越擁腫。「精簡機構、節省開支」，證明只是幻想而已。

再加上各種鬥爭的需要，坐著開會的時間多，指手劃腳的脫產人員多，所以儘管絞盡腦汁，也難以做到改善經營、增加收入，更遑論達到自給了。

林果場黨委侯書記來自東北農村。由於文化低，人又老實，所以老是升不上去。

他感覺目前能和老伴、兒女平安生活在這溫暖的南方僑鄉，就已經很滿足了，所以很少理事。

根據老吳恆的分析，陳爲原屬工礦企業系統的技術幹部，現在調來這林果場，可能是由在農村勞改，恢復回工礦系統的一個過渡安排。如今大革命、大鬥爭又來了，陳爲還得凡事醒定、謹愼做人，不可絲毫大意。

陳爲被分配在苗圃基地植物保護科的科研小組。他一如既往，去到新華書店和圖書館選購、閱覽有關書籍。

和陳爲住在同一間宿舍的，是科研小組副組長許知光。他出身開明縣一個華僑家庭，原是某中學的地理教師，在上次精簡機構時下放來這裏。陳爲和他很談得來。

這林果場的對面小山上，不知是個甚麼單位，時而傳來幾聲如同鬼叫般凄厲的哀號。陳爲問許知光，才知是個勞改場的拘留所，專門收教抓回來的偷渡犯。

「偷渡犯」？乍聽起來眞是新鮮。「爲甚麼要偷渡？」「偷渡去哪裏？」。

正如老吳恆說的，陳爲這書獃子還是太嫩，太老實。

「我們開明縣，是有名的大僑鄉，而且僑民多數在北美做生意，比不得你們恩明土包子老實聽話。這些年來，怎麼也接受不了這種沒完沒了的鬥爭生活。你看現在，不是又無緣無故，你鬥我、我鬥你了？

「很多人都想出去闖一闖，最多是拚命幹活嘛！總比一輩子留在這里，人不像人，狗不像狗，老是得像個機器人、一個活死人那樣，按照別人指令說話做事舒暢得多。

可是，申請出去又控制得很嚴，當然只好鋌而走險，偷渡過深圳河了。

「有錢或者豁出去了的，運氣好時也就過去了。而且眼見他們在香港發達了，衣錦還鄉，備受歡迎。運氣不好給抓了回來，就關在這拘留所接受管教。」

「那深圳河能有多寬，還游不過去？就算接受管教，也用不著這麼嚎叫……」陳爲認爲自己是吃過苦頭，甚麼不幸都領教過了的。

「你以爲是怎麼『管教』嗎？」許知光說：「這幾年幾乎天天有人嘗試偷渡，特別是大風大雨的惡劣天氣，或者過年過節，邊防人員疏於防範的時候。

「有時整船人買通了船主，在偏僻地方登陸上岸。一過邊界就不怕了。

「有些人原來還準備再去外國的。現在見到在香港，連撿破爛、討飯、都能發個小財，回來蓋房子、娶老婆，也就都不走了。

「窮人越多，治安越成問題。而且香港就像巴掌那麼一點點大，當地很多人叫嚷『香港就要陸沉啦』！港英政府不得不和中國政府協商解決。曾經對明裏暗裏已成功抵港的人，「大赦」了一大批，就是承認他們是香港的合法居民。跟著又應大陸政府要求，定出每天由大陸政府批准來港定居的數額名單，香港得照單收貨。」

「這樣問題不就解決了？還需要再冒險偷渡嗎？」

「解決個屁！申請來港的，比實際批准的多幾百幾千倍。要是讓你負責批，你批給誰？」

「當然應該先批給那些要求家庭團聚的。」

「你是說應該。你知道管事的官批一個，暗地裏要收對方多少錢嗎？他們不明說。越不明說，你就越得不斷塞錢。何況爲了保住這個優差，管事的官，得先依次滿足那些首長親屬們的申請。機會均等，每人一個名額輪完了，然後又從頭開始輪第二個。等輪到老百姓，就不知要到何年何月了。」

「可是，這些大幹部都是出身關係簡單清白，哪有甚麼近親在港澳？」

「比出身紅的時候，誰都沒有任何親人在海外。可現在是爭取出港出國名額，甚麼姑爹姨媽就全都出來了。就算自家沒親戚朋友在港澳，賣一個或者讓一個指標給相求的人，那個人情可大了。沒有幾十萬也起碼得十頭八萬，誰肯白白放棄？」

「要是沒錢呢？」

「那你只好耐心等，不斷跑「出入辦」去登記，等候「談話」。誰叫你窮？等個十年八載，能輪到也就不錯了。」

「照你這麼說，得不到批准的，就只有偷渡了。可偷渡的成功率，究竟有多大呢？」

「其實有決心過去的，成功率還是很高的。問題是失敗了不灰心，有時間、有精力、本錢、資訊、再接再厲去嘗試。

「有錢或上了年紀的，多數化上幾千甚至幾萬，集資租船過去，成功率很高。他們從海邊出發，上岸後有親友接應，多數就成功了。運氣不好的，還沒上岸，就遇到某方邊防人員的堵截，放出警犬追捕。讓狗扯爛衣服是小事，有的被咬得遍體鱗傷，甚至嚇得昏倒過去。年輕力壯的，多數四散逃脫了。再經過一番周折，才和親友取得聯繫。被捉到遣返的，有錢的花些錢也就沒事了。反正這又不是甚麼刑事犯罪，也都明白爲甚麼一定要冒險出走。可沒錢給的，就抓來對面這個收容所，接受教育。政府可不是白養活你。他們會通知你的家人，帶錢來交費並接你出去。」

「你剛才說，有錢集資買船的，還不一定成功。那麼沒這筆錢的呢？」

「沒錢你怨誰？不願老老實實待在國內做順民，就要看你祖宗有沒有蔭德、自己夠不夠運氣了！

「正式找機會從深圳河泅水、爬鐵絲網過去的，畢竟是少數。多數是互通情報，從東莞、寶安等陸地翻山越嶺、經過多少次嘗試才過去的。被捉獲的機會當然很大，但成功的也不在少數，就看你有沒有決心，夠不夠機警了。譬如說被送來對面這收容所的，就很少是第一次。有的還是熟客。

「爲了不讓他們再去偷渡、讓他們肯暗地化錢，向有關人員買指標，上級便指示要『嚴厲管教』。有親友拿錢來，簽字要求放人的，就立即釋放了。下次再抓來，再拿錢來贖。沒錢給的，你別想在這裏白吃飯。拿槍趕著你去開荒種田。有的還是想乘機逃跑，追不到、打不死，就給跑掉了。過些時候養足了力氣，再去泅渡。

「後來上頭指示，每人每天只給二兩米的稀粥喝，還趕去勞動。這樣既餓不死，可也沒有力氣再逃跑了。不出力做工或者還想逃跑的，就動刑。只要不打死就行。你聽到的鬼哭神嚎，就是這些人受刑時發出來的。」

確實新鮮！陳爲想。過去自己無論在部隊、在煤礦、還是在農村，都是逆來順受，還要努力學習，拚命想改造爭上游……眞可算個一等良民。可結果又怎樣？和狗有甚麼分別呢？而這些人，雖說都屬「人民」，但爲了與生俱來的「自由」，卻寧可放棄做爲這個偉大人民共和國公民的資格，寧可丟掉生命，也要去爭取！

最近，他工餘拿著一本書，坐在室外想閱讀的時候，卻總喜歡擬視住遠方，那在甚麼地方曾經十分熟悉的藍天白雲。甚麼地方呢，總是想不起來。

這些日子，除了開會、唱歌、還有跳甚麼「忠字舞」之外，大家都不必去做工。兩個還未成家、沒有後顧之憂的年輕人，可謂推心置腹，無所不談。

有一天，許知光告訴陳爲，又有一些舊時同學，合夥租了一條船，準備不日偷渡出港，「逃出生天」。他說他這次準備參加，不知陳爲下不下得了這個決心。

這是第一次，陳爲要爲自己做出重要的決定。雖說不上「生死攸關」如此嚴重，但畢竟還要考慮許多問題。第一件，就是要去下塘，聽取他最相信的老吳隊長的意見。

老吳恆果然十分欣賞陳爲敢於接受「新挑戰」，終於考慮掙脫這思想上的枷鎖，邁出這重要的第一步。但是他認爲，「偷渡」不但要冒一定風險，而且因爲陳爲有「右派」案底，人又老實，所以和別人應該有所不同。最好再過一些時間，等待更有利的時機。

他還特別愼重告訴陳爲，因爲小許十分相信他，才告訴了他這個祕密。他必須守口如瓶，絕不可向任何人透露半個字。

老吳恆最後不得不單刀直入，嚴肅地盤問陳爲始終不敢面對的一個問題：

「你對給我們寄東西來的那位何姑娘，究竟印象怎樣？人家是能說的全說了。可你呢？反而是煙不出、火不進，甚麼反應都沒有。收到人家的東西又快三年了，你就連一個字也沒有！你擺的是甚麼臭架子……」

陳爲急著分辯道：「我不是……」

「甚麼是不是？」老隊長也急了：「人家左等右等，也沒見過你一個字、一句話。甚麼都還藏在你自己心裏，別人怎麼知道？人家已經是廿六、七歲的大姑娘了，大學畢業，做事都快兩年了。就算她自己不著急，她父母能不急嗎？」老隊長越說越光火：「要是你對她沒有感情，就寫封信明白告訴她，說你已經找到了對象，已經結婚了，叫她不要傻等了……」

「我沒有……我確實沒有……」陳爲急得幾乎要哭出來。

27 這裏有隻金龜子

幾天過去了。一個晚上，許知光沒有回宿舍。

又過了幾天，還是不見人影。

科研小組周組長問到陳爲，陳爲也說不知道。

其實大家心裏都明白，又一個人自動放棄了人民共和國的國籍，出走了。

林果場拖拉機司機梁卓軍，是原金沙煤礦梁有才書記的長子。因爲出身成份好，沒升上高中就參軍了。在部隊僅僅待了兩年，便又復員回鄉。後來就派來本場開拖拉機，還兼任場共青團支部副書記。

這拖拉機除了爲本場運送各種物資外，有空閒還要去各地垃圾堆，裝載垃圾回來，倒進挖好準備種果樹的坑裏做基肥。

跟車上下垃圾的，是一位三十來歲的寡婦伍珍嫂。她丈夫原是本場職工，幾年前因工傷去世後，她就帶著兩個念小學的孩子在本場做工。

近日來，大家停工鬧革命。閒來無事，便有功夫交流傳播各種花邊新聞。

有人說，伍珍嫂近來穿著挺花哨，而且滿面春風，好像有甚麼喜事。

不久，又見到一些職工家屬，三三兩兩，交頭接耳，有的捂著嘴，邊笑邊跑開。

「××說：前幾天很晚了，還見到梁卓軍從她家門口走出來。」

「××說那天天還沒亮，就見到梁卓軍偷偷從屋裏溜出來了。」

「二十郎當的『生雞頭』（廣東話剛成熟的公雞），可性急了！」

「那也要母雞先趴下，翹起尾巴，公雞才上得去。」

「三十如狼，四十如虎，也難怪。有的女人那個東西叫做『五更雞』，快天亮時就硬挺起來，足有橄欖核那麼大。咬住男人那條，不流光不鬆口。」

風言風語，不斷傳到林果場黨委侯書記耳中。

侯書記說，梁卓軍父親現在省委，梁卓軍本人是復員軍人，才廿出頭，未夠結婚年齡，是未婚革命青年。那伍珍也是寡婦，是革命工人家屬。這中間並沒有甚麼「婚外情」，或者敵我矛盾的問題。不好管。

可是衆說紛紜。有人認爲，如果不是伍珍引誘，那梁卓軍又怎會迷上一個小老太婆？雖說不是婚外情，但寡婦不守婦道，是資產階級作風，是想腐蝕革命幹部的「四舊」，必須開鬥爭會鬥倒鬥臭，才能刹住這種歪風。否則場裏這麼多家庭，就全亂了。反正革命群衆說了算，連婦女會劉主任都無法制止。侯書記在這個時候，也最好是少說爲佳，但求自保。

林果場紅衛兵通知梁卓軍不必參加鬥爭大會。

伍珍嫂黃著個臉站在台上，接受革命群衆的鬥爭。她顯得是那麼驚慌和無助。

「林果場照顧妳，跟著拖拉機運垃圾，可妳是怎麼勾引上梁卓軍的？」

「……」

「妳不說，革命群衆也知道。梁卓軍副書記早就和我們說了。現在要妳坦白交代！」

「……」伍珍嫂還是耷拉著個腦袋。

群衆吆吆喝喝：「說不說？」「不交代扒下她的衣服褲子！」「對！反正她那個東西誰都看得，誰都摸得！」有人上去要動手，劉主任趕快出來制止。

「……那天在車上……」伍珍嫂吞吐地說。

「在車上怎麼樣？說！」

「……他說他手髒，要我幫他拿出開車的鎖匙……」

「拿鎖匙有甚麼好說的？說你們是怎麼勾搭上的！」

「別打岔！等她說。」

「他說鎖匙在褲子口袋裏……讓我伸手進去拿……」

「拿到沒有？快說！」

「……」

「摸到一根硬肉棒，是不是？」

「我嚇得縮回了手……」

「縮回了手？妳抓緊不放就是眞！」

「後來呢？」

「後來回到果園，我準備下垃圾，他就推我進了工具室……」

「後來怎麼樣？」

「……」

「快說呀！」「說不說？」

「……」

「妳就痛痛快快吃了一餐生雞頭？現在要妳交代，你們一共搞過多少次？都是在哪些地方？」

「……」

大家看，再也問不出甚麼新鮮的東西了，要過的癮也就是這麼回事了。便宣佈：第一，梁卓軍調到柑橘果園生產隊爲隊長，不再開拖拉機；第二，伍珍以後不得再跟車，改爲清理茅廁，把大糞挑出曬乾堆肥。「想看，就在茅廁裏看個夠吧！」

對於這類能引起一段不愉快回憶的鬥爭會，陳爲豈止是毫無興趣？但他牢記老吳隊長要他謹慎小心的囑咐，便也學會了哼哼哈哈、不明確表態、遇事隨大流、凡事少插嘴的做人之道。

剛種下三年的大片柑橘樹，今春普遍開了花。特別是人約黃昏的初更時分，還未踏進果園，就聞到那馥郁的柑橙花香，比梔子花還濃，比玫瑰花還甜。迎面襲來，直沁心脾，令行人紛紛醉倒。

原來當年塡進果坑的垃圾裏，有不少蜣螂（又名金龜子，北方稱金哥螂）的蟲卵。春天孵化後，就設法爬出地面，成熟時正遇上橘樹開花。那花香吸引牠們在入夜前後，紛紛爬上樹梢，爭著咀嚼那柔嫩的花瓣，吸吮那如蜜的花蕊。邊吃邊喝還邊找對象交配。吃飽喝足也完成了交配。雄的因爲被吸乾了，首先從樹上掉下死去；雌的也就蹣跚沿樹幹下來，把卵產在表土底，等待來春孵化。跟著也就徇情死在情人旁邊。

雖說小蟲子咬嚼花辮，能有多大聲響？可這時成千上萬隻蜣螂同時咬嚼，一片窸窣聲浪，也頗令人吃驚。

隊長梁卓軍向場黨委侯書記會報了情況。他說，今年橙橘花期沒有大風雨，普遍開得很好。但現在發現金龜子爲害猖獗，不知有無影響？如何對付？

侯書記對這問題所知不多，便叫來科研周組長以及陳爲，共同研究。

梁卓軍說，根據觀察，花期開始後，幾乎每晚都有大量金龜子咬嚼花蕊。這樣下去，預計的豐收就難實現。不知要噴甚麼藥，才能消滅蟲害？

周組長說，一般橙橘花很多。在成果前，要經過不斷生理落花、生理落果，剩下的才能最後長大成熟。最後能有花量的百分之一成果，就是個了不起的豐收了。特別這些樹齡還不滿四年，今年是第一次結果，要求不可太多，以免影響小樹發育生長，影響以後結果……

「可是，」梁隊長不耐煩地說：「要是所有的花都被吃掉了，還哪有果呢？」

周組長笑著答道：「這個可能很少。如果沒有風吹雨打，可能我們還要搖動樹梢，幫助落花。況且，每朵花壽命只有一兩天。就算噴了藥，花謝後跟著開出的一批又得重新噴過。哪有如此多人力物力？金龜子的壽命也只有一兩天。中不中毒，都會當晚死掉，第二晚來的是沒有中毒的又一批。所以噴藥效果不大。」

「照你這麼說，我們是甚麼也不能做，只有在蟲嘴裏等著賞賜了？你不覺得這是資產階級權威思想在作怪嗎？」

聽到這裏，侯書記連忙打岔道：「說得也是。啊陳爲同志，你的看法怎樣？」

陳爲原也認同老周的看法。但他考慮了一下，慢慢說道：「噴藥要花錢，不噴又滅不了蟲害。我看現在天暖，晚上又沒事，不如全果場每人發一對電池，到柑橘園去捉。看見一個捉一個，看見兩個捉一雙。不怕捉牠不光。」

梁卓軍隊長覺得很是中聽，興高彩烈說道：「如果這樣決定了，就要由場長辦公室發出通告，全場總動員，各隊分區包乾打殲滅戰。當晚點數，辦公室公布捉蟲數字。一晚捉不完捉兩晚，兩晚捉不完捉三晚！」

根據各隊經驗，多數採取兩人組合：一人用手電筒照住，另一人捉蟲到放有藥水的窄口瓶子裏。天黑出發，到十點多鐘，就算沒捉完，其餘也都先後掉到地上死了。

一時香甜醉人的果園，電光四射，笑語連連。陳爲和老周一組。由於早出晚歸，第一晚足足捉了一瓶半。各組也都送到辦公室點數後銷毀。結果是周陳組第一，共三百五十八隻。

第二晚，各組都提前出動。經清點，數目都有所增加。辦公室不勝其煩。便通知當晚由各隊自行清點後上報，然後自行銷毀。

第三天公佈的數字，最驚人的是梁卓軍和侯桂花（侯書記女兒）小組。一共一千二百多隻，獲得全場喝彩。

一連兩晚，梁侯小組都是以千位數字高居榜首。和侯桂花同樣因「停課鬧革命」待在家裏的同學岑瑞蘭不服氣，當晚便和同組伙伴也去到梁侯負責的那區「取經」。但既不見電光，也不見人影。

可是第四天早晨辦公室公布的自報數字，還是梁侯組最多。

岑瑞蘭想到，可能梁侯二人專找蟲多的地方捉，所以數目總是最多。於是當晚凡見到有電筒光亮，不論是哪區，都近前查看。可是到處都不見二人蹤影。

次日辦公室公佈的數字，還是梁侯組第一。

岑瑞蘭心中不服，便盤問侯桂花，究竟是在哪裏，能捉到這麼多？侯桂花雖然只得十六歲，比自己還小一歲，可人小鬼大，只是閃閃爍爍、遮遮掩掩地笑說是軍事秘密，不能洩露。

柑橘花期結束了，捉蟲工作也就停止了。

隨著氣溫不斷上升，柑橙果實也逐日長大。一片翠綠中點綴著紅星萬點，甚是賞心悅目。

侯桂花和岑瑞蘭，各揹著一個噴霧器，在四處果園巡迴噴藥。侯桂花特別喜歡摘小橘子吃。岑瑞蘭說她道：「這麼酸有甚麼好吃？我看蟲子咬不完也被妳吃光了。」

仲夏夜的南國十分悶熱難熬。侯桂花今年特別怕熱，就和岑瑞蘭一齊搬出宿舍前面空地去睡。

一晚桂花半夜醒來，看見瑞蘭不在，以爲她去了廁所。可是過了很久，仍不見她回來，心裏不覺「咚、咚」地跳，恐怕有甚麼事發生。過了不久，自己又糊裏糊塗睡著了。瑞蘭究竟是幾時回來的，她根本不知道。

第二天去辦公室取藥水，聽見有人在裏面說笑。她隔著窗子望去，只見粱卓軍正摟住岑瑞蘭在調笑。侯桂花猷若木雞，跟著只覺熱血上湧，站立不穩，倒坐在牆外地上。

桂花無法壓住胸中怒火，和瑞蘭關係急趨惡劣。有一天竟因爭吵撕打起來。場婦女劉主任不得不來調解。

幾天後，劉主任去找侯書記。

她告訴侯書記，經場衛生所檢查，侯桂花已經懷孕將近四個月了。經手人就是她們的隊長粱卓軍。現在粱又和岑瑞蘭搞到難分難捨，才發生了幾天前的爭吵撕打。

爲了弄清責任是非，劉主任不得不叫來幾名婦委，一起聽侯桂花陳述整個事情的經過。

事情開始在捉蟲的第一晚——

侯桂花用手電照著蟲子，讓梁卓軍把蟲捉進瓶子。梁問桂花有沒有發現，捉到的全是一對一對的？跟著就讓桂花看，蟲子全是屁股對著屁股，揷得緊緊地，拉都拉不開。

他問桂花會不會背「金哥螂」那首民謠。他說在部隊裏就會背了：

「金哥螂，燒熱坑，爺爺打鼓奶奶唱。一唱唱到大天亮。」

就是說爺爺用他那根肉棍子，打得奶奶噯喲喲地叫個不停。說下面：

「小耗子坐在鍋檯上，吱溜吱溜喝米湯。」

就是說爺爺撒尿的那條毛茸茸的小老鼠，坐在奶奶的熱鍋上，吱溜吱溜地喝兩人流出的「米湯」。

他說兩隻金哥螂揷得那麼緊，就因爲太好吃了。他說他就吃過，甚麼山珍海味都比不上。還問桂花想不想吃。

當桂花抬手用手電筒照蟲的時候，梁卓軍的一雙眼睛，一直望著她那北方女孩子十分發達的胸脯。忽然說，不見了一隻。跟著就捏住桂花的乳頭，笑著說：「原來在這裏。」

桂花想揮開他那隻手，但是哪夠力氣？

梁卓軍跟著說：「跑進衣服裏面去了。」一邊說「不要讓牠跑掉」，一邊伸手進桂花衣服裏亂摸。

侯桂花想掙脫跑走，可是被他雙臂緊緊摟住，動彈不得。他跟著伸手到她褲子裏，把手指硬插進她的陰部。

「不要動，有一隻鑽進洞了……不弄出來，會生出一肚子的金哥螂。」跟著他問：「痛嗎？妳的處女膜已經破了。千萬不要對別人說。不然傳開來，人家會笑妳和男人亂搞關係，那就醜死人了！明晚還是來這裏，不然我就告訴大家我已經……我會帶些止痛藥來給妳擦的。」

第二晚梁卓軍帶來一個口袋，裏面裝著一塊小床單和一條毛巾。說：「我幫妳擦點藥。」

後來幾個晚上，他們一個蟲也沒捉過。所報的數字，全是假的。

三個多月後，梁卓軍又趁侯桂花懷孕期嗜睡，在宿舍外空地上誘姦了另一個少女岑瑞蘭，並和她打得火熱。

侯書記夫婦氣得七孔冒煙。對著失聲痛哭的女兒，也不知如何是好。婦女幹部找梁卓軍談話時，他反而不無自豪地說：「可是她們當時，都是說很愉快呢！」

對於責任問題，梁卓軍只是說：「我怎麼負責？」

過了兩個月，梁卓軍只是被調離林果場罷了。

28 省　悟

這幾天，陳爲一直在思考著一個問題：自己是不是正像老隊長說的：老實到近乎迂腐了呢？

回憶十多年前，自己舉手宣誓，把一生完全獻給共產主義事業的時候，究竟是出自內心的深信不疑，還是由於年輕人的一時熱血衝動，以致捲入了大浪潮的漩渦之中？爲甚麼一遇到有越多年輕人參加的大聲叫喊，就越有激情，越能感受到相互的支持和鼓舞；而一旦置身冷靜的獨立思考，結論就又截然不同了呢？

他認爲自己從來也沒有懷疑過黨的教導。而且，幾乎已經按照黨的要求，煉成了一具沒有了自我、沒有了思考、也沒有了靈魂的軀殼——一顆螺絲釘。

但是，自己卻遠遠還未成佛。過去匆匆發生的一切，只不過是「來如春夢不多時，去似朝雲無覓處」。一離開搖旗吶喊的群衆，便發現有些主義的先鋒隊員們，都先後悄然離開了這個陷阱，靜靜離自己而去了。

這是怎麼回事？

只有一個可能：徹頭徹尾的欺騙！別人在欺騙，自己也在欺騙。不再因爲向人說的是假話而臉紅；即使明白向自己說的也是假話，也能坦然相對。

這是否就是何玉琴所說的「可悲」？

何玉琴，這個長期以來盤據在自己心中，不敢面對、卻又無法忘懷的名字和身影！

老吳隊長說得對。甚麼話都還擱在自己心中，未曾向她透露過一個字。如果這段情是自己完全不能接受的，也應該給她寫封信，首先感謝她在兩年多前自己腳傷時，託人寄來的一批食品，然後明白告訴她一切，不使她長期存在一個不能實現的幻想而貽誤終身。何況……。

如果有人說自己沒有責任感，他陳爲是無論如何不能接受的。可爲甚麼對待這個人，這位無可指摘的姑娘，自己確實是表現得毫無責任感呢？

他決定給她寫一封信，明白說明一切。

「玉琴同志，」——這樣稱呼眞叫人惡心。他一把撕掉了。

「玉琴小姐：」——太不像話，怎麼可以……。他又撕了。

「玉琴妹：」——嗨！連自己看到都渾身起了雞皮疙瘩。又揉成一團丟掉了。

這些年來，也不知寫過多少「檢討書」，簡直是輕而易舉。難道也全是謊話連篇？

他搜索枯腸，追憶過去是怎樣稱呼她的。

沒有。甚麼都沒有。難道那段時間的朝夕相對，竟不曾稱呼過她？怎麼可能？沒有第二人稱，是怎樣開始和對方交談的？

他如有所悟：要把眞實的感情形諸於文字，就不像語言那般簡單，自己無需負責任了。何況我們這個有古老文明歷史的民族，一向崇尚「含蓄」，大概就是「虛僞」

吧？也許這就是自己不曾輕易動筆寫信的原因，或許也是一般男性不及女性坦率的原因。

他決定就寫她的名字，反而自然得多。

「玉琴：

「收到妳寄來的食品包裹，快三年了。現在才寫信道謝，除了要克服自己因慚愧而產生的負罪心理障礙外，還得設法編造，希望妳原諒這愚蠢的所謂哥哥的借口。

「其中之一，就是怎麼也弄不明白，爲甚麼說心靈上的傷害，比肉體上的更加痛苦。

「我已於去年摘掉了『右派』帽子，並調來這林果場做技術工作。前些天，因公務去沙河鎮，順便回到妳形容爲『陰森詭詐』的金沙煤礦看了看。

「我特意去憑吊了我們有一次跨過一條小溪時的獨木橋。還有原來那辦公樓的前前後後。特別妳當時的工作檯，和我宿舍窗口下面那小片空地——景物依舊，人事已非。一切都恍如隔世。

「當我獨自站在那宿舍的窗口下時，寂寞荒涼的感覺，幾乎壓倒了我。我不禁打了一個寒顫。難爲妳在那個年齡，便要獨自忍受時代強加給妳的一切痛苦。

「原以爲人生本來聚散無常，緣來則聚，緣盡則散。只要突破迷津，不在原地打轉，一切就如夢去無痕，從記憶中退出。

「誰知雲雁一紙書，翩然驚鴻影。我泯滅已久的良知，重被喚醒。那揮之不去、已散還留的音容笑貌，竟再次出現在我眼前。

「何時盼得那空谷足音，且行且近，我必負荆趨前相迎……」這麼暴露感情的話都寫得出來，簡直是太不害臊！他三下兩下就又給撕了。

又一張紙。這次甚麼抬頭都不必寫。就沒有暴露、獻醜的問題了。

「三年前，妳輾轉託人寄來的食物包裹，讓這裏的每個人都十分歡樂。老吳隊長早就叫我寫信道謝。既然拖到現在才動筆，我就不必表白，自己是多麼抱歉和不安了。

「幾經春去秋來，都無法摒除心中深深的愧疚。如今正式握筆了，卻又不知從何說起。不過，只想告訴妳，這裏的人，都希望妳能抽空回鄉一聚。

「隨信寄上一枝乾花標本，還是那年我們外出測量回來，妳插在小瓶中的。在它們枯萎前，我特意摘下夾進了書頁。不知它願否爲一切作見證，並代表這裏的人們前去歡迎妳重蒞故地？」

沒有稱呼，也沒有署名。

29 承　諾

果然不出老吳恆所料，陳爲在涼亭山林果場還不滿一年，縣人事局便調他到工業局城市建設科，重新和測量計算打交道。

譚娟和林松醫生結婚第二年，便生下兒子林志剛。不久，譚娟也調到縣人民醫院，並由醫院派到江門專區，參加爲期兩年的婦產科專業進修。

兩年結業後，譚娟又回到縣人民醫院，在婦產科當醫生。

從玉琴來信中，譚娟知道了陳爲也已調到縣城建部門，於是設法和陳爲取得了聯繫，並約他在一個星期天，到她家吃晚飯，以便和丈夫林松、以及三歲的兒子小剛剛見面。

那天，譚副院長也在座。他笑著叫陳爲走幾步路讓他看看。跟著，就誇贊陳爲恢復得滿不錯。陳爲也笑道，老吳隊長一見到他走路時這隻腳避免踩下地，就嚴厲指出，說不認眞克服，成了瘸子，就對不起譚院長爲他跑了那麼多趟。

陳爲說罷，便一把抱起歪著小腦袋，看自己表演的小剛剛。

「陳礦長，」譚娟笑著說：「我可還是第一次見到你抱孩子呢！」她跟著教兒子：「叫伯伯！」可是又馬上改口道：「叫契爺（粵語乾爹）！」她跟著問陳爲：

「把我們剛剛給你做契仔（乾兒子），好不好？」
陳爲正尷尬得不知說甚麼好，譚娟又說了：「問契爺甚麼時候才給你找來個契媽？」大家都笑了。
譚娟等了一下，不見陳爲有甚麼表示，才又說道：「我爸爸也是前兩年，才摘的帽子。不過，」她說：「他從來不喜歡別人提起這件事。還說他根本沒有簽過字、沒蓋過章。從來沒有承認過是甚麼左派右派。」
能說甚麼呢？大家都無奈地搖了搖頭。
飯後，譚娟告訴陳爲，何玉琴已決定於六月和母親同返故鄉。不過，現在又碰上甚麼「大革命」，一切都只有比較低調了。
陳爲始終沒有表示過甚麼。坐在旁邊一老一少的兩個男人，也像蛤蟆般緊閉著口，專等譚娟想方設法，撬開陳爲的嘴。
譚娟深知她的老上司，確實不善辭令。現在只有單刀直入，實話實說。
「如今大家都已經三十上下，應該比較現實了。人家玉琴母女，不遠千里回來，她們的誠意，還需要問嗎？你們這段『馬拉松』，說長不長，說短也九年多了。」
做了媽媽的譚娟，確實變得現實了很多。她已決心要把話說完：
「沒有人要求你這位大礦長，跪地向她求婚。可你也總得有個表示，有句話交代呀！你總不能要求玉琴，跪著向你求婚吧？……」
陳爲急得紅著臉說：「不是……我沒有……」

兩個男人十分同情陳爲，唯恐譚娟逼人太甚。可是譚娟一不做、二不休，毫不鬆口，決心一追到底：

「礦長，你不要老是說甚麼『不是』、甚麼『沒有』這些負面的詞。究竟甚麼才『是』、甚麼才『有』呢？記得那年和你共同簽署給梁有才的那份報告，不是寫得十分現實、十分懇切嗎？怎麼能說你既不會說，也不會寫呢？我們女孩子不在乎你用甚麼美麗的詞藻。我們在乎的，是對方的一句眞心話；是存在你心底的，可以讓對方放心的一個承諾。如果在這個熱戀時期，連一個簡單的承諾都沒有，我們又怎麼指望在未來各種困難的情況下，還能把終身全部託付給你呢？」譚娟的聲音有些顫抖。

低著頭看報紙的譚院長說話了：

「其實，這也是個責任心問題。最好明確一點，果斷一點，問題就反而簡單了。」

林醫生也跟著丈人，支持勇闖過第一關的妻子道：

「女人一般處於相對的弱勢。所以在託付終身之前，總希望得到對方哪怕是很簡單、但起碼是眞誠的承諾。這應該是可以理解的。」

三人一唱一和，似乎早有準備。

一個多星期後，在溫哥華的何玉琴，收到了陳爲第二封信：

「玉琴：

「本來人類不同於其他動物的最大特徵，就是解放了雙手。在傳達思想感情的時候，可以用文字，補充語言之不足。

「可是有些人雖並非文盲，卻在這方面十分笨拙。你的這位所謂哥哥，就可能是其中最糟糕的一個。

「另外，環境長期的衝擊，也使他完全喪失了信心。與其表達出來，受到別人的奚落和嘲弄，不如躲在一角，靜靜地物化，消逝。

「如果我這樣說，能使妳從中找到可以寬恕我在過去，應說的沒說，應做的沒做的托詞，那就是我最大的心願了。

「只有這樣，我才可能不顧那個究竟是『自尊』還是『自卑』，坦誠跪在妳面前向妳求婚：請妳惠允陪伴我在這「詭譎」艱難的人生道路上，攜手走到盡頭。

「我將以畢生對妳的忠誠和愛護，來彌補往日的過失。

「如果妳認爲，雖然情有可原，仍屬罪無可恕而婉言拒絕，那我也只有長此隱居山林，青燈黃卷，抱恨終老了。」

署名是：妳笨拙的哥哥　陳爲

回信很快送到了陳爲手中：

「九年！等你如此簡單的一句話，我竟足足等了九年！

「多少次，眼淚濕透了我的衾枕；又多少次，我在午夜黯然夢迴。

「九年了。你竟吝嗇到連一個傾訴的機會都不給我！與其說，現在你在向我求婚，不如說，你現在才慨然應允了我長期以來向你的求婚。

「好吧。我和爸爸媽媽，決定提前在五月即成行。到時，我將領教你究竟是準備如何『彌補』你的過失。」

下面的署名是：你的琴

不久後，譚娟、老吳恆的兒子吳柏芝、還有玉琴的姑媽，都先後收到寄自溫哥華何家的信和匯款，說明陳爲、何玉琴已訂於五月底在恩明下塘吳家舉行婚禮，希望各人協助男女兩家，進行必要的裝修清潔，以及添置傢俬用具等準備工作。

譚院長自薦是老馬識途，帶著譚娟小兩口和小剛剛，順利來到了下塘老吳恆隊長家裏。和吳恆兒子柏芝夫婦會合後，便共同商量必要的裝修、粉刷、添置傢俬和佈置新房等工作。

老隊長緊緊握住譚院長的手，歡喜得不斷抹著眼淚，說自己兒子柏芝娶媳婦時，都沒有這麼快樂。他抱著小志剛，進進出出，來回走著，反覆唸叨著：「老天到底開眼了！到底開眼了！」

兩個月後，陳爲跟著譚娟，老早就到恩城省汽車站，迎候玉琴父女三人的到來。八年不見，玉琴已經由一個黃毛丫頭，成長爲一位氣質高雅、光豔動人的成熟女郎了。

她首先向父母親介紹了陳爲和譚娟，跟著拉住陳爲的手。突然間，她撲到陳爲懷裏，失聲痛哭了起來。

內心充滿了愧疚的陳爲，竟然擺脫了往日的羞怯，輕輕抱住近乎失控的玉琴，容忍她摟住自己的脖子，起碼痛哭了將近一分鐘。

他終於理智地扶正了玉琴，輕聲說：「我們先回譚娟家裏，見過譚院長。然後再把妳的所有委屈，痛痛快快，哭個乾乾淨淨。然後是打是罵，是殺是剮，完全由妳決定。好不好？」

玉琴止住了哭聲，羞澀地捂住臉又笑了出來，嗚咽著說：「我忍了九年……」。站在旁邊的何伯母和譚娟，也趕緊擦乾眼淚，都跟著笑了。

按照廣東僑鄉習俗，婚嫁禮節，本來相當繁瑣。現在碰上「大革命」、「破四舊」，只好一切從簡。

沙河何家，本來就有工人經常打掃料理，現在經姑母一番更新裝璜，更覺富麗堂皇，一派喜氣洋洋。

下塘老吳家，就更熱鬧了。因爲衆鄉親三姑六婆，都主動前來幫忙，再加上傢俬擺設，全部煥然一新，眞可說是披紅掛綠，舊時的愁雲慘霧，連影子都找不到了。

大家都知道陳爲最討厭那個尿缸。因此第一件，就是把它老人家搬去屋外化糞池旁邊。然後反覆清洗粉刷整個新房，搬入嶄新傢俬，噴上香水。一時窗明磯亮，香馥溫馨。加上何伯母從香港帶來的雪白珠羅紗蚊帳，以及譚娟從廣州買來的華麗的錦繡被面、床單和枕頭，還有姑娘們採來的，玉琴特別喜愛的家鄉山野大瓶鮮花，婦女們這才滿意地對老隊長說：「你家老二委屈了這麼多年，現在要把所有這些污濁邋遢洗掉，張燈結彩，燒上幾千響炮仗，好讓他從此飛上枝頭，給那些人看看！」

陳爲由柏芝兩兄弟，還有譚娟的大弟陪同，乘兩輛花車來到沙河何家迎親時，玉琴的同學好友、還有煤礦往日的女工同事們已經擠滿一屋，專門來看這對歷經磨難的玉人終成眷屬。她們特別要看看那位既倒霉、又害羞的前礦長，是怎樣做「新郎官」的。

按照廣東僑鄉的習俗，陳爲從吳柏芝手中接過一大疊準備好的紅封包，有點難爲情地派給了所有到場的女士們，每人一封。

穿著母親特意在香港訂做的中式婚禮繡金袍褂長裙，玉琴顯得額外雍容豔麗。特別嬸娘一邊唸叨著「一梳梳到底，二梳白髮齊眉……」，一邊爲她精心梳起的美麗髮髻下面，玉琴的脖頸潔白柔嫩如玉，即使陳爲見到，都不禁怦然心動。

上車的時間到了。一對新人拜過盛裝的父母親和姑母後，便由嬸娘撐開一把傘遮住玉琴，在爆竹聲中走出了家門。

在下塘吳家，因爲不少鄉親來湊熱鬧，在花車來到時燃放的爆竹就更多了。新人給「義父」行禮時，老吳恆簡直笑得口都合不攏來。只有到這時，他才眞正放下了心中那塊大石。幾天來，他不停忙裏忙外，連那支「大碌竹」水煙筒，都被他冷落了。

30 跨出漩渦

何玉琴的父親，十分欣賞女婿陳爲的誠摯、沉穩和務實。偶而和他聊天，發現竟有很多共同的語言。現在他才理解：在性格上酷似乃父的女兒玉琴，爲甚麼在感情和婚姻問題上，如此地執著。

他認爲在目前國內不斷的鬥爭環境中，個人的一切理想和努力，都只是空談。如今，女兒總算沒有白白浪費掉九年寶貴的光陰，到底如願以償了。可是，婚後夫妻長期分居兩地，十分不利家庭關係的維繫。何況對陳爲來說，無論他準備繼續鑽研農業，還是從事他所學的建築工程本行，來溫哥華才有更廣闊的發展前途。所以他建議陳爲，立即向國內有關方面，提出赴加拿大和親人團聚的出國申請。他們也同時向加拿大政府，申請陳爲的入境簽證。

轉年十月份，玉琴便和母親，帶著只有七個月大的頭生女兒玲玲，還有加拿大批准陳爲的入境簽證，再一次回到了恩明鄉下。

因爲要多次去北京辦理陳爲的出國護照，所以這次返國的三個多月，玉琴和女兒始終跟著陳爲，住在下塘公公老吳恆家裏，並在那裏過的春節。

玉琴告訴公公吳恆，說她爸爸想邀請他老人家也出國看看。特別看看在那些先進國家裏，農場主是怎樣管理著那些大片土地、和多種經營的。

一九七三年，陳爲在溫哥華哥大、和多倫多大學，以前後五年時間，修畢建築系碩士課程。他正式成爲建築師時，已經年滿四十三歲，是兩個孩子的父親了。

因爲五歲的玲玲和三歲的弟弟嘉恩，都進了附近一間幼兒園，所以玉琴得以在一家食品公司，從事兒童健康食品的設計工作。她有時也到郊區果園，協助父親料理。

當陳爲開著敞蓬汽車，載著玉琴姐弟兩家人在北美西岸平坦的大果園內四處遊走時，就是孩子們最最開心的時刻了。

這似曾相識的藍天白雲，究竟是在哪裏見過，以致印象如此之深呢？陳爲終於回憶起來了。蔚藍得如同大海般的天空，第一次出現在恩明煤礦和玉琴同去郊外測量的一個早晨。

從此，每次見到這晴朗遼闊的天空，無論當時心境多麼惡劣，都好像來到了一處避風港，感受到的是安全和慰藉。

也是從此，每當寂寞孤獨時，腦中就隱約浮現出一個身影。一個自己不願也不敢承認，卻又無法向自己隱瞞的身影。

玉琴，就像白雲般坦蕩無瑕，從來敢於表達自己純眞熱烈的感情，也始終沒有離開過她所鍾情、信賴的藍天一步。如果沒有她百折不撓的堅持，不但她自己的理想無法實現，而且他這個爲了維護面子，不得不屈服於種種現實的平庸之輩，又怎能跨出漩渦，去實現抱負，找到屬於自己的眞正人生呢？

他驀地感到，玉琴在性格的某方面，不但像她自己的父親，而且十分像隊長老吳恆。他們都是有實際的追求目標，有堅定執著的信念和毅力。在實現自己理想的道路上，一步一個腳印，不幻想，不浮誇，更不存在投機取巧、僥倖取勝的心理。所以他們都能最終達到了自己的目的。

現在他也終於知道，是玉琴父母親的理解和支持，一次又一次堅定了她耐心等待的信念。父親始終認爲，能得一知己，就眞應死而無憾了；若能遇到一個在性格和志趣上都和自己相近的人作爲終身伴侶，那如果不是前生有緣，起碼也是一生中最大的幸福。絕對不可因爲環境一時改變，而見異思遷。父親還特別指出，甜蜜醉人的愛情，往往像層薄紗遮在眼前，無法看清對方的實質。不少戀人只有到長期共同的生活後，才發現對方這裏也不順眼，那裏也無法忍受，而最終離異。結果，不但雙方身心都受到了傷害，而且也嚴重傷害了無辜的子女。

就因堅信父親的這些教導，玉琴姐弟才在戀愛、婚姻和家庭問題上，雖然沒有異彩紛呈，波濤起伏的浪漫情調，但最終都得到了相對穩定、和諧、健康幸福的家庭，並以此影響教育自己的子女。

陳爲又想到，在她們實現理想的過程中，免不了要付出沉重的代價。不只一次，玉琴從睡夢中傷心地哭醒。他只有將她緊緊摟在懷中，讓她感覺到他的存在，她才能又安然入睡。

他感覺實在虧欠她太多了。雖然自己當時有千百個理由冷漠對待，但過分的粗疏，對她心理上造成的長期性傷害，他是萬難辭其咎的。

她曾在回應他求婚的信中說過，看他準備如何「補償」。現在，他就要用父母親愛護、引導子女的成功經驗，盡心協助妻子，撫育他們的子女健康成長，補償玉琴所受過的傷害於萬一。

一九七五年，玉琴又帶著一雙兒女，再一次回到故鄉恩明。回來前，她得到公公吳恆的同意，已經爲他和大伯柏芝，辦妥了出國赴加探親的護照和入境簽證。因此，這次在下塘家裏僅僅住了十天左右，就又和兒女陪著公公、大伯啓程，經港赴加了。

老人家雖已年近七十，但健康狀況十分良好，在溫哥華家裏住了不到半個月，就急著和親家公一家大小同去果園了。

偌大的果園，幾乎見不到幾個工人。一望無際的果林，差不多每棵樹下都有成熟掉下的果子。

「哎喲！這麼大個，這麼漂亮的桃子李子，不撿回去，簡直是太糟塌了。」

柏芝學了三天，得以勉強駕駛著一輛小型拖拉機，載著父親和何董事長四處參觀遊逛。反正園內道路寬闊平坦，父親又老要停車下地，去撿掉下來的各種果子，還說：「帶回去給孫子和全村人吃。」

柏芝問他：「坐飛機，能帶多少呀？一天撿的一半都帶不了，你還要天天撿……

沒回到溫哥華家裏，就全爛了……」

老吳恆滿不以爲然地說：「在鄉下你見過這麼大個頭、這麼漂亮的生果嗎？就算見過，你有錢買得起嗎？」

親家老爺笑著解釋道：「這裏全是機耕生產。成本低，所以售價便宜。只有從樹上採下的一級品才包裝出售。其餘的全部製成罐頭食品，甚至銷毀，不給流入市場。」

老吳恆說：「我們在國內，說你們西方資本主義是地獄。其實正相反。你看你們這裏的牛，整天吃飽喝足，甚麼工都不幹。我們臉朝黃土背朝天，整天揹著太陽下山幹足一輩子，連飯都還吃不飽，眞比你們的牛馬還不如！」

他又迷惑地自言自語道：「我們那裏到處都是人。說『人定勝天』，和天鬥。可鬥來鬥去，怎麼也鬥祂不過；可他們連田都不下，反而管得樣樣服服貼貼，這是怎麼回事？」

國外雖好，卻無法抵擋老吳恆的思鄉心切。有人笑他懷念那個臭尿缸，也有人說他想念那支「大碌竹」水煙筒。老吳恆說都不是。他說，聞慣了鄉下那股泥土味，離開時間長了，就好像得了病了。

當陳爲夫婦送吳恆父子到機場，即將入閘時，吳恆緊攥住陳爲雙手，不停點著頭說：「我放心了，放心了。你要好好疼玲玲她媽，還有親家公姆，記住時常幫我問他們好……」。

陳爲也緊握住老吳恆的手，深情地叫了一聲「爸！」跟著說道：「您自己要當心健康。那個生產隊長，我看有條件就找個年輕人去幹吧！明年我們回去，給您辦七十大壽。」

後記

二〇〇一年十月，正當作者準備結束本書的時候，偶然有幸閱讀了南京學者劉鶴守，尉天縱編輯的「時文選粹」。選輯文章都來自大陸公開出版的報刊。細讀其中的「三農（農村、農民、農業）警示」，眞是感慨萬千。

以下摘自上海文藝出版社二〇〇〇年九月出版的曹錦清教授所著「黃河邊的中國」一書，第51、214、587等頁：

「中午時分，老劉陪我們轉了幾家農戶。……這裏（按：指河南省相對富裕的洛河川地）是稻產區，但主食依然是小麥。水稻被他們視爲如同棉花一樣的經濟作物。早、晚兩頓只吃玉米糊加紅薯片。中午在農忙時則是麵湯或稀粥加白饃（按：饅頭）、或小麥麵條；農閒則是小麥、玉米、紅薯配合著吃。菜肴十分簡單。有的桌上只有一碗鹹菜，好的炒個青菜。除非逢年過節或請客，很少吃肉。蔬菜則是從集市買來的。……一般人家不種菜，最多種點粗生的蘿卜白菜，作腌制鹹菜之用。因爲蔬菜要經常澆水，工夫很大；而且你種別人不種，菜常被人偷，惹來麻煩。」

多數農戶家中只養一頭牛，不養豬。因爲牛只需餵稻麥稈或棉子餅，而豬卻要餵糧食。實際上，糧食除繳夠公購糧、留夠種子外，也僅夠自家吃用，連拿到集市去賣都很少。年節或有客人來，才去集市買點豬肉。據調查，即使鄉幹部家裏，平均每天每人也只吃上一兩多肉，而且主要集中在年節。

「這裏多數農戶家裏也沒有一件像樣的家具，甚至連疊放衣物的衣櫃也沒有。全家老小那幾件衣服，或堆放在床邊，或是掛在一根繩子上。三間無間隔的坯磚住房內，照例有兩張床，一張供吃飯的矮桌，幾張矮凳。再就是一些簡陋的農具和剛收獲的十袋八袋糧食。」此外別無他物，可說是一目了然。

照以上報導，大陸大部份農村生活依然停留在五十年前的水平。該書多次發出「農民眞苦，農村眞窮」的感嘆！

幾十年來，沿海一帶農民因見不到生存下去的可能，以致橫下心投奔怒海，或躲在車船倉底遠渡重洋，到美、歐、澳任何一個西方國家自由世界求生者，不知凡幾。至於翻山越嶺爬鐵絲網，屢敗屢試偷渡到香港的，或過期居留寧死拒絕遣返的，更長期困擾著當局。腹地不少農民也陸續設法離鄉背井，混進城市打工，以極低廉的工資和城市工人搶飯碗。即使被當局指爲「盲流」（與「流氓」音近，因此農民十分反感）而嚴加取締，也無法制止。

反觀日本、南韓、以及台灣等國家或地區，在工業化進程中，都曾對農民進行過各種補貼。中國大陸無暇顧及這方面的工作，而各項捐稅卻相反不斷增加，以致農民終於憤怒了。近年來，各地農民聚衆鬧事，衝擊地方政權，成了不可忽視的定時炸彈。

難怪香港和大陸花費了大量人力、財力合作拍攝的「開發大西北」、「開發大西南」，在香港電視廣播黃金時段播出以吸引外資後，香港某某財經界人士的反應仍是：

「我們決定到華東去投資開發。」

我放下選文。五十年前在大陸目睹的農村連場劫難，又重現在腦海。

那個時代無休止的「運動」、「鬥爭」，不但使黃土地上千百萬勤勞農民餓斃了，也使數百萬正在熱戀期的初婚或未婚知識青年男女，突然處於生離死別的絕境。

半個世紀過去了。今日即使舊話重提，傷口似乎仍在滲血。

人們遵從領導的教導：「向前看」。

可是，海外的同胞仍禁不住要問：這五十年來，你們又累又餓，究竟在做甚麼？

大陸作品「讀書」第一期作者陸學藝先生，在「難以承受的重負」一文中說：

「五十年來的實踐告訴我們：一種經濟社會問題，一旦不是某一鄉、某一縣、某一省特有的，而是普遍化的；不是一年、兩年，而是較長時間解決不了的，這就不是一般的工作問題，而是這方面的政策有問題，這方面的體制有問題。」

毛澤東的極權統治終結後，鄧小平實行了「大包乾十五年不變」的土地政策。跟著，更在「實踐是檢驗眞理的唯一標準」思想指導下，毅然提出「土地家庭承包卅年不變」。華夏大地億萬農戶終於展開拳腳。上書說：「由一九七九到一九八四這五年間，全國農民平均純收入每年增長百分之十五，初步解決了廣大農民的溫飽問題。」

可惜這時鄧小平將主力轉移到沿海開發地區「使一部分人先富起來」的工作。農民由過去向小地主承租轉變爲如今向大地主——政府承租因而出現的許多問題，得不到及時的解決：

第一，遇到無法抗拒的自然災害時，各種捐稅如何減免？過去地主還有個「荒年減租」的慣例，如今農民就只有向信用社高利借貸了。

第二，農業增產後，農村勞動力過剩，卻因「農業戶口」與「非農業戶口」嚴格區分、城鄉分割的二元社會結構體制未跟隨改變，農村剩餘勞動力不准向城鎮或其他方面轉移，內需不足，致使城市化遠遠落後於工業化，妨礙了整個國民經濟的繼續發展。

第三，各級政府機構不斷擴大，吃「財政糧」（公糧）人數逐年增加，各種勞動義務工和捐稅，如超生稅、未種煙稅、城建費、建校費、治安費、衛生檢查費、街道清潔費等等名目繁多得誰也說不清楚。因農用物品、醫療、教育費用上漲而實行的各項集資罰款，也多不勝數。雖經中央三令五申，農民的沉重負擔，仍有增無減。

第四，在農民向政府承包耕地的過程中，由於制度未健全，帳目混亂，有相當部份的集體財產，落入了經手幹部的手中。這種國有財產的暗中非法轉移，和城市工商、貿易、旅遊等等行業由國家壟斷轉爲私營時導致的國產非法轉移，同樣輕易地造就了此後「權貴資本」的產生和惡性膨脹。中國社會出現了前所未有的腐敗和兩極分化，也使「改革」始終無法由經濟領域向政治社會領域擴展。

農民被牢牢綁在農村、絲毫動彈不得的情況，是從中共建政後不久便已實施的嚴酷鐵板政策，近五十年沒有改變。廿一世紀開始，還是托國家入世貿之福，才不得不取消了農業人口不准轉移至城鎮的錯誤規定，還農民以憲法賦予的「人民有居住、遷徙的自由」。前途如何，還得拭目以待。

作者親身見証了幾十年來中國大陸農村的困境和農民的苦難。現在把這些眞實的人物和故事連綴起來，作爲時代的記錄和未來的觀照。